A CONSTRUÇÃO DE UMA IDENTIDADE INACABADA

FUNDAÇÃO EDITORA DA UNESP

Presidente do Conselho Curador
José Carlos Souza Trindade

Diretor-Presidente
José Castilho Marques Neto

Assessor Editorial
Jézio Hernani Bomfim Gutierre

Conselho Editorial Acadêmico
Antonio Celso Wagner Zanin
Antonio de Pádua Pithon Cyrino
Benedito Antunes
Carlos Erivany Fantinati
Isabel Maria F. R. Loureiro
Lígia M. Vettorato Trevisan
Maria Sueli Parreira de Arruda
Raul Borges Guimarães
Roberto Kraenkel
Rosa Maria Feiteiro Cavalari

Editora Executiva
Christine Röhrig

A CONSTRUÇÃO DE UMA IDENTIDADE INACABADA

NIPO-BRASILEIROS NO INTERIOR DO ESTADO DE SÃO PAULO

MARCELO ALARIO ENNES

© 2000 Editora UNESP
Direitos de publicação reservados à:
Fundação Editora da UNESP (FEU)
Praça da Sé, 108
01001-900 – São Paulo – SP
Tel.: (0xx11) 232-7171
Fax: (0xx11) 232-7172
Home page: www.editora.unesp.br
E-mail: feu@editora.unesp.br

Dados Internacionais de Catalogação na Publicação (CIP)
(Câmara Brasileira do Livro, SP, Brasil)

Ennes, Marcelo Alario
   A construção de uma identidade inacabada: nipo-brasileiros no interior do Estado de São Paulo / Marcelo Alario Ennes. – São Paulo: Editora UNESP, 2001.

   Bibliografia.
   ISBN 85-7139-360-5

   1. Japoneses – São Paulo (Estado) 2. Nipo-brasileiros – São Paulo (Estado) – Identidade étnica 3. Pereira Barreto (SP) – História 4. Relações étnicas I. Título.

01-2685   CDD-305.8956098161

Índices para catálogo sistemático:
1. Japoneses e brasileiros: Relações interétnicas: São Paulo: Estado: Sociologia 305.8956098161
2. São Paulo: Estado: Japoneses e brasileiros: Relações interétnicas: Sociologia 305.8956098161

Este livro é publicado pelo
Projeto *Edição de Textos de Docentes e Pós-Graduados da UNESP* –
Pró-Reitoria de Pós-Graduação e Pesquisa da UNESP (PROPP)/
Fundação Editora da UNESP (FEU)

Editora afiliada:

Asociación de Editoriales Universitarias
de América Latina y el Caribe

Associação Brasileira de
Editoras Universitárias

Ao meu avô, Nelson Ennes, carroceiro e operário
na cidade de Ribeirão Preto/SP.
Ao meu pai, Geraldo, por ter dado continuidade
aos seus estudos e por ter se formado professor,
contrariando as ordens de meu avô.
Aos meus filhos, Isabela e Arthur,
pelas novas oportunidades de me reencontrar
e de me alegrar diante da vida.
À minha companheira, Sandra,
pela difícil convivência com a diferença.
A todos dedico este trabalho com amor.

AGRADECIMENTOS

Um trabalho científico é sempre muito solitário: as leituras, os fichamentos, as viagens a campo, as transcrições de entrevistas, o esforço de redação etc. No entanto, nada disso é feito isoladamente, pois sempre há pessoas próximas ou não, fisicamente ou pelas idéias, dicas, pistas, críticas, ou mesmo pelas saudades. A essas pessoas, muitas e inomináveis, agradeço por terem participado e compartilhado da minha formação como pessoa e pesquisador.

Agradeço, em particular, ao Sr. Paulo Yuzuru Ono, Sr. Jitsunobo Igi, Sra. Maria Antonia da Silva, Sr. Léo Liedtke, Sr. Jorge Wako, Cristina Ono, Nilton Cesar Nascimento, Sr. Arnaldo Enomoto e Suzana de Castro Neves, pela paciência e tolerância ao concederem os depoimentos que forneceram as informações necessárias para a redação deste trabalho.

Agradeço ao CNPq, pela ajuda financeira; aos coordenadores e funcionários do Programa de Pós-Graduação em Sociologia da Faculdade de Ciências e Letras da Universidade Estadual Paulista, Campus de Araraquara, e, especialmente, à minha amiga Vera Botta, que há mais dez anos vem me ensinando a superar obstáculos com alegria e coragem.

Livrai-vos dos cães de guarda metodológicos.

(*Pierre Bourdieu*)

SUMÁRIO

Prefácio 13

Apresentação 15

Parte I
Aspectos históricos 39

1 O retrato de hoje 41

2 Os primórdios 43

3 A inserção da região no circuito das relações mercantis 45
O loteamento 46

4 A presença japonesa 49
A trajetória dos imigrantes japoneses no Brasil 49
A presença japonesa na região e a trajetória de Pereira Barreto 65
Trajetória política dos nipo-brasileiros em Pereira Barreto 81

Parte II
Relações Interétnicas 91

5 O reenraizamento 93

6 Aproximações e distanciamentos 95

7 Aspectos das relações econômicas e
políticas em Pereira Barreto 101

8 Japoneses e brasileiros mediados pela ética do trabalho 111

9 Mudança, ruptura e continuidade 115
Tempos difíceis e o esvaziamento da colônia 115
A cooperativa e a reafirmação da colônia 119
Dekassegui: novas oportunidades para
nipo-brasileiros e brasileiros 120

10 O reposicionamento da colônia no campo político 123
O circuito das mudanças 127
Conflito e negociação 129

11 Nipo-brasileiros/brasileiros-nipo:
expressões de uma dualidade 135
Expressões do *habitus* nas relações de amizade 136
Relações interétnicas como objeto de representação 138
Família como campo de relações interétnicas 140
O *mojim* 148
O esporte: trocas simbólicas e aquisição
de disposições práticas 151
A Igreja Anglicana: interseção interétnica 152
Bon-odori: recriação de práticas simbólicas 154
Relações interétnicas como campo de
construção de auto-representações 156

Conclusão 159

Referências bibliográficas 163

PREFÁCIO

Marcelo Alario Ennes, autor deste livro, foi meu primeiro orientando a doutorar-se. E o fez com brilhantismo. Aliás, abrir caminhos, enfrentar com olhar arguto os dilemas teórico-metodológicos vem sendo sua característica desde os tempos da iniciação científica. Acompanho a formação desse jovem pesquisador há mais de dez anos.

Em seus passos decididos e em seus vôos ousados, nos férteis diálogos que tivemos, nas incontáveis demonstrações de sua maturidade intelectual, Marcelo só me deu alegrias. Expressão do sentimento extremamente gratificante de poder colher bons frutos. Certamente, Marcelo contribui em muito para alimentar meus sonhos e esperanças de não ver o conhecimento fossilizar-se e a universidade se perder no emaranhado estéril da burocratização.

Em sua tese de doutoramento, *Nikkeis e brasileiros: o caso de Pereira Barreto*, reencontra-se com sua infância e adolescência. Retoma inquietações que sentia desde menino e que não deixou engavetadas. Cruza marcas de sua identidade com a análise primorosa da construção de uma identidade interétnica. Identidade que não aparece em seu livro como algo pronto ou obtido naturalmente por um processo de assimilação cultural.

Sua abordagem, relacional e múltipla, da questão interétnica é inovadora. Combina, de maneira rica e competente, história oral, pesquisa documental e observação participante. Ouvindo os sujeitos dessa história, revisitou sua própria trajetória. Teve a coragem de repensar elos de sua identidade guardados em suas lembranças como preciosidades familiares e socialmente compartilhadas. É o envolvimento profundo com a história da cidade que o faz garimpar pacientemente fontes de pesquisa e a observar cuidadosamente práticas culturais e códigos de reconhecimento social que ora aproximam ora distanciam nipo-brasileiros e brasileiros. Sua análise aponta para o movimento pendular de construção, desconstrução e reconstrução de identidades.

Devo advertir que a decantada oposição entre objetividade e subjetividade, entendida como escolha em que se deve tomar partido de um lado, é desmontada como uma falsa questão na análise de Marcelo. Confere importância particular aos sentidos e significados vividos pelos sujeitos da história de Pereira Barreto, conduzindo o leitor à compreensão de que as relações interétnicas não podem ser deduzidas de antemão.

A ligação intensa com o objeto de estudo não o impede de manter um invejável equilíbrio entre participação e distanciamento. A reconstrução muito bem-feita das similitudes e diferenças encontradas nas relações interétnicas só poderia partir de um pesquisador nato como Marcelo. Sua obra, importante como referência para a compreensão da questão interétnica e da presença japonesa na história brasileira, é igualmente um testemunho de como são valiosos os estudos voltados à inteligibilidade da história regional.

Quanto a mim, cabe-me dizer que encontro estímulo para viver a inquietante aventura sociológica quando vejo explicitada, numa obra como o livro de Marcelo, a capacidade de alunos que passaram pela minha orientação.

Vera Lúcia Botta Ferrante

APRESENTAÇÃO

POR QUE ESTUDAR PEREIRA BARRETO

A cidade de Pereira Barreto conta hoje com uma população em torno de 27 mil habitantes. Destes, 1.622 são de origem japonesa, aproximadamente 6% da população total. No entanto, a presença japonesa na cidade não pode ser medida apenas por essa dimensão quantitativa. As origens e a trajetória da cidade apontam para a importância fundamental da colônia japonesa como elemento constituidor de sua história. Essa importância fundamenta-se nas especificidades étnicas do grupo japonês.

A questão central da presente obra gira em torno da compreensão da presença japonesa pensada a partir de suas relações sociais com os não-japoneses, relações sociais que marcaram e marcam a formação histórica da cidade de Pereira Barreto e o *habitus* de seus moradores. A dinâmica vivenciada será analisada considerando-se a dimensão social e histórica, objetivada como campo[1] de forças

---

1 O "campo" é um recurso metodológico que permite ordenar o real e visualizar a estrutura das relações sociais. Refere-se também à dimensão prática da pesquisa, ou seja, de como encaminhar o processo que envolve a construção e a

reproduzido e/ou transformado a partir do *habitus* e do capital dos agentes sociais.

Não se trata de um estudo sobre assimilação porque parte de um pressuposto diverso. De modo geral, essa abordagem pressupõe uma lógica dicotômica contida nas idéias de nacionalidade e homogeneidade cultural. A idéia de "identidade inacabada" está aqui sendo utilizada como uma tentativa de repensar a condição do brasileiro, em geral, e, em particular, dos imigrantes e seus descendentes como um processo dinâmico e ininterrupto de construção e desconstrução de identidades étnico-culturais.

Do ponto de vista histórico, os conceitos de assimilação e homogeneidade cultural expressam uma visão de mundo, hegemônica nos anos 30, centrada na afirmação do sentimento de nacionalidade. Suas expressões pelo mundo são bem conhecidas: nazismo na Alemanha, fascismo na Itália, getulismo no Brasil e outras variações expressas nos regimes autoritários em todo o mundo: Espanha, Portugal, Polônia e Japão, entre outros.

Parece que as análises sociológicas desse período e dos que o sucederam mais imediatamente foram imbuídas de uma preocupação semelhante, daí a emergência de temas como assimilação e homogeneidade cultural.

Nas três primeiras décadas do século XX, a discussão voltou-se, assim, para as facilidades e as dificuldades sobre a assimilação de imigrantes no Brasil. Os japoneses, nesse sentido, apareciam como o grupo que oferecia maiores dificuldades e resistência ante esse processo.

Minha tese é que a comunidade nipo-brasileira, em sua trajetória em Pereira Barreto, incorpora, em suas práticas e representações sociais, elementos originariamente estranhos ao seu *ethos*. Mas esse processo implica que os sujeitos históricos criam e transformam o meio em que vivem, instituindo uma área de interseção

---

compreensão do objeto de pesquisa. O campo é, por assim dizer, uma forma de pensar o espaço da ação dos agentes em suas relações histórico-sociais sem a pretensão de se apreender a totalidade absoluta do real e, por outro lado, sem cair no particularismo. Os limites do campo são definidos pelos efeitos exercidos sobre os agentes. O campo deve, assim, ser pensado como espaço de luta, de transformação e mudança (Bourdieu, 1989).

entre os grupos, o que nos permite inferir que as relações sociais na cidade de Pereira Barreto não são uma via de mão única. Ao contrário, configuram-se como uma rede de trocas simbólicas, ainda que essas relações sejam representadas e/ou praticadas de modo conflituoso e assimétrico.

A escolha da cidade de Pereira Barreto como palco das relações sociais de japoneses e brasileiros, eixo central da pesquisa, passa por minha trajetória de vida e também por minha trajetória acadêmica. No primeiro caso, parte do interesse em estudar a região na qual cresci, trazendo para o plano do discurso formal, da racionalidade, uma dimensão vivida de modo fragmentário e parcial. Retomar a cidade de Pereira Barreto agora, por meio de certo distanciamento e estranhamento, via discurso acadêmico, não deixa de ser uma tentativa de resgatar sua importância para minha vida.

Do ponto de vista da trajetória acadêmica, desde a graduação desenvolvo pesquisa relacionada à região. Meu interesse por investigar a região começou em 1987, quando freqüentava o terceiro ano do curso de Ciências Sociais no então Instituto de Letras, Ciências Sociais e Economia (ILCSE) da Universidade Estadual Paulista (UNESP), em Araraquara. Naquela ocasião, iniciei, já sob a orientação da Profa. Dra. Vera Lúcia Botta Ferrante, a elaboração de um projeto de pesquisa, cuja temática girava em torno do acampamento de trabalhadores rurais sem-terra de Três Irmãos. A realização da pesquisa foi apresentada como monografia de conclusão de curso em 1989.

No ano seguinte, ingressei no Programa de Pós-Graduação na mesma instituição. Aproveitei o trabalho iniciado na graduação e o desenvolvi buscando, sobretudo, uma fundamentação teórica para a análise da luta pela terra a partir do referencial teórico proposto pelos estudiosos dos movimentos sociais. Como se pode ver, mantive minhas atenções sobre a região noroeste paulista.

Tomar a cidade de Pereira Barreto como cenário para a compreensão das relações interétnicas entre nipo-brasileiros e não-nipo-brasileiros revela, entre outros aspectos, a intenção de continuar estudando e investigando a mesma região. Trata-se, assim, de um projeto a longo prazo, talvez de vida, que ainda pretendo desenvolver. Há muitos outros aspectos que merecem estudos mais aprofundados: o dos barrageiros, como são chamados os trabalhadores em usinas hidrelétricas; o resgate da memória de seus moradores mais velhos, a cidade de Ilha Solteira, pensada em um primeiro momento como acampamento de trabalhadores para a construção da usina hidrelétrica e sua complexa estrutura de relações sociais, entre outros temas e subtemas. O trabalho que apresento agora é, portanto, apenas uma parte, um momento desse projeto de maior amplitude.

A aproximação com o universo de pesquisa iniciou-se, em 1991, durante a pesquisa realizada para o mestrado, quando estabeleci contato com o presidente da cooperativa agrícola local. Nesse ano, foi elaborado um pequeno projeto de pesquisa sobre o levantamento histórico da cidade, motivado, principalmente, pelos questionamentos em torno da presença japonesa naquele local. Embora não tenha encontrado ninguém que se interessasse em financiá-lo, fui apresentado, por meio de meu currículo, à diretoria da Associação Cultural e Esportiva de Pereira Barreto, entidade que centraliza a estrutura de poder da colônia, que permitiu a realização da pesquisa.

Entre 1991 e 1995, realizei várias visitas esporádicas à cidade. No entanto, o desenvolvimento do trabalho de mestrado e a falta de financiamento específico para o projeto faziam das visitas encontros informais. Mas se não sistematizava as informações, ganhava terreno no campo das relações de amizade e de confiabilidade.

Assim, no final de 1993, defendi a minha dissertação de mestrado e, em fevereiro de 1994, ingressei no doutorado com um projeto de pesquisa centrado na problemática da presença japonesa na cidade de Pereira Barreto. A definição do objeto de pesquisa passou por um processo que perdurou ao longo dos anos de 1994 e 1995, anos em que cumpri os créditos exigidos para o curso. Nesse período, devo destacar a importância, ainda que de modo diferenciado, da disciplina ministrada pela Profa. Dra. Neusa Gusmão, por meio da qual tive acesso a uma bibliografia sobre representações sociais bastante importante para o desenvolvimento de meu trabalho, e do curso ministrado pelo Prof. Dr. Edgar Assis Carvalho, que abriu as portas para a discussão sobre o pensamento oriental. Os seminários de pesquisa, coordenados pela Profa. Dra. Vera Lúcia Botta Ferrante, amiga e orientadora, assumiram uma dimensão de desafio. O meu projeto e o encaminhamento da pesquisa foram criticados por seu ecletismo. Mas foi isso que me levou a estabelecer parâmetros teóricos mais claros, os quais tiveram um momento importante de definição no curso de extensão sobre a sociologia de Pierre Bourdieu, ministrado pela Profa. Dra. Maria Helena Antuniassi.

Em 1995, comecei uma nova fase de visitas à cidade, nas quais passei a sistematizar melhor as informações obtidas. Iniciei também a série de entrevistas nas quais obtive informações valiosas, e o trabalho foi concluído em meados de 1996.

Os caminhos que me levaram e que me deram acesso aos entrevistados foram construídos por meio de uma rede de relações sociais e de parentesco entre os informantes. Algumas entrevistas permitiram-me pensar a questão da cooperativa; outras, a do casamento; outras, ainda, a das gerações, das relações políticas, das disposições do *ethos* japonês. Todas falaram sobre práticas e representações sociais constituídas e constituidoras das relações sociais analisadas.

A estrutura da obra está alicerçada em duas partes em que se analisam diferentes dimensões do problema investigado. A primeira busca explicitar os marcos cronológicos mais significativos para a história do município de Pereira Barreto. Para tanto, foram utilizadas fontes escritas e orais, que possibilitaram focalizar as dimensões objetivas de sua trajetória e também aquelas que dizem respeito ao cotidiano e às marcas expressas nas representações construídas por seus moradores. Nesse sentido, ainda na introdução, são apresentados os nossos informantes por julgar ser significativo o processo de escolha e aproximação que levou às entrevistas.

Em seguida, há uma descrição de como se deu a inserção da região do atual município no circuito das relações mercantis, para, a partir desse processo, visualizar as origens da presença japonesa na região, capítulo precedido por outro, no qual se pontuam alguns aspectos importantes da presença japonesa no Brasil, necessários para subsidiar reflexões posteriores.

Na segunda parte do livro, serão analisadas as relações sociais no município. É o momento em que se privilegia o processo de posicionamento e reposicionamento de nipo-brasileiros em sua estrutura social, bem como o processo de trocas simbólicas e práticas sociais que apontam para a constituição de uma identidade dual e inacabada.

É importante alertar que algumas passagens históricas do município são retomadas nas duas partes do livro. No entanto, antes de representar a repetição de informações e dados, esta opção se justifica ante a necessidade de compreendê-las em duas perspectivas distintas, uma diacrônica e outra sincrônica, obedecendo, assim, à estrutura básica deste trabalho.

Por fim, para evitar uma discussão longa e monótona, foram inseridos em notas de rodapé alguns esclarecimentos conceituais e algumas informações adicionais para que orientem o leitor na compreensão sobre a opção metodológica e aspectos significativos da realidade investigada.

As fontes de pesquisa

A definição das relações interétnicas entre nipo-brasileiros e brasileiros, somada à opção pelo referencial metodológico da sociologia reflexiva (Bourdieu, 1989), conduziu-me, por sua vez, a optar por diferentes fontes de pesquisa.

Para a realização da pesquisa foram consultadas fontes orais e fontes escritas. Além da pesquisa bibliográfica, foi necessário fazer um levantamento de documentos e outros registros escritos que apresentassem pistas sobre a cidade e sobre as relações sociais nela travadas. Na verdade, já tinha algum material coletado em outros momentos da minha trajetória de pesquisador. Complementei esse material com visitas que fiz à biblioteca da cidade, à Câmara Municipal, à prefeitura e, sobretudo, com as doações – principalmente recortes de artigo jornais da cidade de um dos meus informantes.

Além de serem complementares, fontes escritas e orais podem dar visibilidade a dimensões diferentes do mesmo processo histórico-social. O material escrito, muitas vezes, traz a marca do oficial, do passado. O relato oral, por sua vez, traz a dimensão do vivido e do revivido à medida que é expresso. O relato oral traz vida, emoção, a marca pessoal de um processo social e histórico.

Não era minha pretensão tomar os depoentes como típicos de segmentos ou classes sociais e, portanto, nenhuma generalização pode ser feita, a não ser de modo arbitrário. O objetivo era captar, por meio dos relatos orais, as trajetórias, as práticas e as representações sociais e resgatar como historicamente se deram as relações entre aqueles que são de origem japonesa e seus descendentes, brasileiros de muitas origens – nordestinos, mineiros, paulistas – e imigrantes de outras nacionalidades.

Apresentação dos informantes

Privilegiar as disposições do *habitus*[2] dos moradores de Pereira Barreto levou-me a recorrer às fontes orais. Nesse sentido, foram coletadas informações por meio de relatos, depoimentos e histórias de vida que apontaram o movimento de construção, desenraizamento e reenraizamento do *ethos* japonês.

Buscou-se contemplar diferentes gerações, classes, grupos étnicos, sem, contudo, pretender tomar os depoentes como típicos do universo de pesquisa. A intenção é perceber suas práticas e suas representações sociais na e pela estrutura das relações sociais reconstruídas como objeto desta pesquisa.

Para chegar aos depoentes foi percorrido um longo percurso, desde minha apresentação à diretoria da Associação Cultural e Esportiva de Pereira Barreto, como já foi mencionado, até a localização e entrevista dos depoentes.

---

2 "O *habitus*, como social no corpo, no indivíduo biológico, permite produzir a infinidade de atos de jogo que estão inscritos no jogo em estado de possibilidades e de exigências objetivas; as coações e as exigências do jogo, ainda que não estejam reunidas num código de regras, impõem-se àqueles e somente àqueles que, por terem o sentido do jogo, isto é, o senso da necessidade imanente do jogo, estão preparados para recebê-las e realizá-las" (Bourdieu, 1990, p.82). "A própria lógica de sua gênese faz do *habitus* uma série cronologicamente ordenada de estruturas: uma estrutura de posição determinada especificando as estruturas de posição inferior (portanto, geneticamente anteriores) e estruturando as de posição superior, por intermédio da ação estruturante que ela exerce sobre experiências estrututuradas geradoras dessas estruturas" (Ortiz, 1983, p.80).

Foram basicamente dois caminhos percorridos: um por intermédio do presidente da Cooperativa Agrícola Fazenda Tietê e outro, pela Câmara Municipal e Prefeitura. No entanto, não ficou estabelecido nenhum crivo étnico: o presidente da Cooperativa Agrícola sugeriu-me tanto nipo-brasileiros quanto brasileiros. Representantes do legislativo e executivo da cidade indicaram-me tanto brasileiros quanto nipo-brasileiros. Algumas indicações foram unânimes, como foi o caso de Léo Liedtke e Maria Antonia; outras não, como é o caso de Osório Barbosa, indicado apenas por brasileiros.

Essa trajetória é indicativa de dois aspectos significativos de nossa pesquisa, a saber: o ato de indicar os informantes traz implícito um conjunto de valores e disposições. Isto é, expressa representações construídas socialmente sobre os indivíduos legítimos para narrar a história da cidade. Em segundo lugar, indica a posição dos informantes na estrutura das relações sociais, posição essa indicativa do capital (social, cultural e/ou econômico) do informante.

Maria Antonia

O nome de Maria Antonia foi sugerido por diversas pessoas, tanto entre nipo-brasileiros quanto entre brasileiros. Isso já indicava certo prestígio diante da comunidade local. De fato, hoje ela é diretora da escola pública de segundo grau da cidade. Há outra particularidade: Maria Antonia é uma das poucas moradoras do único prédio de apartamentos da cidade, o que também denota prestígio social.

De início, o interesse em colher o seu relato de vida passava pelo fato de viver na cidade desde o início da década de 1940, o que a faz uma testemunha e um sujeito do processo histórico tomado, por nós, como objeto de estudo.

Depois de algumas tentativas e de alguma resistência consegui marcar a entrevista. Recebeu-me na sala da diretoria da escola em que trabalha, onde conversaríamos grande parte de uma tarde. A partir de então teria grandes surpresas. A primeira delas foi o fato de ter sido adotada por uma família japonesa. Isso já seria algo de grande interesse para a pesquisa em razão do universo das relações familiares e sociais que vivenciou. Mas, como se não bastasse, Maria Antonia é negra. A grande surpresa ficou por conta da adoção mas também, e principalmente, pelas características das relações travadas no interior do campo social.

A trajetória de Maria Antonia em Pereira Barreto tem início quando sua família consangüínea mudou-se para a cidade. Nascida em Olímpia, interior de São Paulo, mudaria ainda para Auriflama e de lá para Pereira Barreto. Seu pai era açougueiro e logo percebeu que os seus negócios não prosperavam na cidade; resolveu então mudar-se mais uma vez. A mãe de Maria Antonia recusou-se a acompanhá-lo. Ocorreu então a separação dos pais. Maria Antonia, seus irmãos e sua mãe permaneceram em Pereira Barreto. Hoje, Maria Antonia está com cerca de 60 anos e é casada com "brasileiro".

Paulo Ono

Conheci Paulo Ono em 1991. Foi-me indicado como a pessoa da colônia mais apropriada para quem apresentar, de início, o meu projeto. Até 1994 visitava-o durante as férias escolares e conversávamos muito informalmente. Levou-me para conhecer sua família e eu percebia que, aos poucos, se entusiasmava com a idéia da pesquisa.

Durante as comemorações do aniversário de Pereira Barreto, em 1994, ocasião em que a colônia organiza atividades dentro da programação oficial da cidade, expôs, ao lado de uma mostra de fotos históricas, uma reportagem em que eu aparecia falando sobre a pesquisa. Não compareci à exposição, perdi a grande oportunidade de ver as fotos que hoje não encontro mais e a oportunidade de conhecer e de me fazer conhecer por pessoas significativas para minha pesquisa.

Recebia-me na cooperativa, onde é presidente, e conversávamos horas a fio. Nem sempre nossas conversas eram sistemáticas; além disso, não eram gravadas e poucas vezes fiz anotações em meu caderno de campo. Muitas dessas conversas foram, na verdade, bastante informais. Talvez tenha perdido algumas informações relevantes para o trabalho, mas em compensação ganhava terreno no que diz respeito ao universo social e cultural ao qual Paulo Ono pertencia. Estruturava-se, também, uma relação de confiabilidade e de amizade.

Por várias vezes, quando eu visitava Pereira Barreto, Paulo Ono levava-me para almoçar. Sempre tomava uma caipirinha de aperitivo e, dependendo do lugar onde estávamos, servia-se de feijoada. Certa vez, disse-me que fazia essas extravagâncias longe de sua esposa e que eram esporádicas. Disse-me que não era alimento para todos os dias. O seu organismo exigia comida sem gordura, com pouco tempero, à moda japonesa. Disse-me, ainda, que esta era uma das dificuldades do casamento interétnico. "... chega uma hora que o cara vai sentir falta de sua alimentação...". Ora, isso revela que muitos dos traços da cultura acabam por se fundir ao próprio físico do indivíduo. O alimento, devidamente preparado, é, ao mesmo tempo, uma necessidade cultural e fisiológica.

Seu pai teria vindo para o Brasil em 1913, portanto nas primeiras levas de imigrantes. Voltaria para o Japão para estudar no seminário e tornar-se pastor anglicano. Casou-se ainda no Japão e voltou ao Brasil. Como pastor, assumiu a paróquia de Guaimbê, uma pequena cidade no interior do Estado de São Paulo, entre Marília e Lins. Lá teria iniciado um movimento para criar a Igreja Anglicana do Brasil, emancipando-a do controle exercido por sua congênere norte-americana. Também fundaria uma comunidade agrícola com grande infra-estrutura.

Quando o reverendo Ono mudou-se de Guaimbê para Pereira Barreto, seu filho mais velho, Paulo Ono, morava e estudava na cidade de São Paulo. Fase tão importante quanto crítica da vida do então jovem Paulo Ono, quando vivenciou uma profunda crise de identidade.

Daí a quarta série do ginásio foi sopa. Mas aí começou minhas dúvidas e então no primeiro clássico eu fui mal. Eu acho que se eu continuasse, eu seria expulso.
É todo um conjunto, tradição e ao mesmo tempo eu acho que estava tendo um problema de identidade, sabe? Constitucionalmente quem nasceu no Brasil é brasileiro, né? A gente vê, é o tal da ética,[3] os costumes são diferentes, a maneira de comportamento é diferente...
Então tudo isso, acho que na hora que meu pai faleceu, puxa! será

---

3 Paulo Ono tinha conhecimento do desenvolvimento de meu trabalho com base nas disposições culturais japonesas.

que é isso que eu quero? ficar vendendo rebolo para o resto de minha vida? É, e ... também tive problema de decepção amorosa, e tal, né? Exatamente e justamente por causa, talvez, deste meu comportamento eu não aceitava certas coisas da namorada (risos). Era brasileira. E tudo isso acho que ... acho que era hora de tirar meu time de campo. E também a questão tradicional. Como? Alguém tem que ficar lá com a família. Tanto é verdade, é que a minha família morava na casa paroquial. E tinha que ceder para o outro pastor que veio. Então ficamos morando fora e daí eu fiquei e me casei aqui.

Percebe-se, no relato acima, que além de assumir seu papel de filho primogênito acaba por casar-se com uma nissei.

Nesse mesmo momento, foi convidado a ser presidente da Cooperativa Agrícola da Fazenda Tietê, o que o reposicionou na estrutura das relações sociais no interior da colônia e da cidade como um todo.

Por causa da trajetória de seu pai, a religião aparece como um componente fundamental de seu capital social e, também, de suas práticas e das representações bem como de sua família.

A importância da religião é expressa no prestígio subjacente ao convite para ingressar na cooperativa e depois se tornar o seu presidente, mas também nas trajetórias de seus irmãos (médicos em um hospital anglicano em Curitiba), de sua esposa e sua irmã, ligadas à escola infantil mantida pela paróquia anglicana local e, ainda, por sua filha, que recebeu uma bolsa de estudo de uma universidade anglicana japonesa.

Ter sido filho de um pastor anglicano repercutiu, ainda de uma outra maneira, sobre a trajetória, pois, ao longo das três últimas décadas, tornou-se uns dos principais, senão o principal "relações-públicas" da colônia. A facilidade de comunicação e de relacionamento pode ser creditada às disposições adquiridas em sua infância. Por ser filho de pastor, sua casa era muito visitada por nipo-brasileiros e por brasileiros. Os papéis desempenhados pelo reverendo Ono foram além do sacerdócio. Paulo Ono narra que seu pai era amansador de burros, o que indica que era requisitado para resolver problemas práticos e cotidianos de sua paróquia.

Em conseqüência de ter adquirido essas disposições e de seu capital social, Paulo Ono tornou-se o principal interlocutor das vítimas da inundação provocada pela formação da represa da usina hidrelétrica de Três Irmãos com a Cesp. Denunciou por meio da imprensa escrita os desdobramentos da obra e reivindicou aquilo que julgava ser de direito dos cooperados atingidos pela inundação.

Outro dado de sua personalidade singular é sua preocupação com grandes questões nacionais e internacionais. Paulo Ono é um homem que gosta de pensar sobre questões de grande amplitude. Expunha-me sempre suas opiniões sobre a economia mundial, sobre a queda do muro de Berlim, sobre a importância do Japão no cenário mundial, sobre o Mercosul, e nunca deixava de falar dos EUA. Tornou-se um colaborador assíduo do jornal da cidade. Esses traços de sua personalidade são autojustificados do modo a seguir:

> Isso, sabe, é em função de ter acompanhado, a minha vida foi assim, sem querer. Você está num grupo escolar, rebenta a guerra e meu pai foi preso. Por quê? Passei a vida inteira pensando o porquê das coisas. Por que certos líderes foram presos? Ou por que das coisas? ... Eu começo a escrever as coisas. Por que a guerra do Iraque? Por que esse negócio de Coréia do Sul, Coréia do Norte? Por que a China? Então eu desenvolvi, não sei se estou certo, mas desenvolvi esse senso de interpretar. É o que acontece nesse mundo conturbado. Por que isso? Porque eu senti na carne. Por que meu pai foi preso?

É evidente que muitos outros imigrantes também vivenciaram esses mesmos marcos históricos, mas poucos adquiriram práticas e representações de mundo semelhantes.

No que diz respeito a sua auto-representação, perguntei a Paulo Ono como ele se sentia, como ele se compreendia e como ele atribuía sua identidade. A resposta, mais uma vez, é significativa: "Eu me considero um brasileiro, porque eu sei que indo para o Japão eles não me consideram japonês [risos]".

Fica claro que permanece a grande lacuna de identidade do tempo em que viveu em São Paulo. Na verdade, ser brasileiro resulta do não-reconhecimento por parte dos "verdadeiros japoneses" – os que vivem no Japão e os isseis em Pereira Barreto. Mas não é como se sente. O pai de Paulo Ono foi defensor da utilização do alfabeto latino para o japonês. Da ótica da tradição, essa proposta representava um desvio do "espírito japonês". De fato, expressões do individualismo não fazem parte do coletivismo tipicamente japonês. Paulo Ono também reivindicaria o direito de ser um japonês diferente, aceito pela colônia, até mesmo por sua importância para o grupo, mas aos olhos dos mais velhos ele não era um verdadeiro japonês.

Cristina Ono

Cristina é filha de Paulo e neta do reverendo Ono. Pareceu-me importante entrevistá-la, por vários motivos: por ser sansei, por ser jovem e por ter tido a experiência de morar no Japão a convite de uma universidade anglicana.

A entrevista foi sugerida por seu pai, que me levou à escola de idiomas, de propriedade de Cristina, onde nos apresentou. De início, Cristina relutou um pouco, mas logo se interessou. Marcamos um encontro para o dia seguinte. Atendeu-me em seu escritório. Nossa entrevista foi bastante descontraída e durou aproximadamente uma hora.

Durante sua infância, Cristina não aprendeu o idioma japonês, a não ser os substantivos mais importantes e as formas de cumprimento e reverência. Seus pais sempre lhe diziam que por ter traços físicos japoneses, a sociedade iria cobrá-la. Também tornava-se necessário o domínio do idioma ante a ascensão do Japão no cenário mundial. Sua mãe a matriculou em um curso de idioma japonês, assim como a seus irmãos. Mas o curso foi logo abandonado por não se adequar ao sistema de ensino.

Interessa notar que a escola de idiomas vai, na verdade, além da simples aprendizagem da língua. Exige do aluno a adaptação a uma dinâmica e a uma disciplina fortemente influenciada pelo *ethos* japonês. Aprende-se o idioma, aprendendo a ser japonês. É esse aspecto que fará que Cristina desista do curso:

> eu desisti de estudar japonês, quando eu estava na quinta série. É muito pouco motivante, precisava de muita, muita disciplina, né? É, você fazia as coisas sem gostar, então...

A fala de Cristina revela um aspecto que não faz parte da preocupação da escola japonesa: motivação. Na verdade, a escola exigia a disciplina, disposição do *ethos*, não incorporada por Cristina, pelo menos no que diz respeito à aprendizagem do idioma. O seu distanciamento do *ethos* afastou-a da escola, processo inscrito no *habitus* de Cristina.

Completou o primeiro e segundo graus e formou-se em Letras. Lecionava inglês quando resolveu morar e trabalhar com sua tia na cidade de Curitiba no Estado do Paraná. Sua tia era proprietária de uma loja de decoração. Lá desempenhava papel polivalente. Suas funções iam desde o cuidado com seus primos até a realização de orçamentos para clientes. Com 24 anos, resolveu prestar vestibular para o curso de desenho industrial na Universidade Federal do Paraná. Aprovada, não chega a completar o primeiro ano, em razão das greves de professores e funcionários. Sentia-se também deslocada, pois já estava com 24 anos.

Cristina nunca namorou um nipo-brasileiro: "Mas pra dizer a verdade... eu nunca paquerei mesmo um japonês... A impressão que você tem é que se tá paquerando teu irmão".

O que era uma tradição entre os isseis e os nisseis mais velhos aparece como uma opção e pouco interessante. Talvez o que mais atrai Cristina sejam traços físicos, afetivos e simbólicos que não fazem parte do universo cultural dos nipo-brasileiros. Seu primeiro namorado foi um descendente de alemão. É curioso notar que mesmo não namorando um nipo-brasileiro, subjacente a sua opção estão disposições – simbólicas e morais – herdadas de seus ancestrais e adquiridas em sua trajetória de vida. Isto é, embora não esgote as motivações que a levem à escolha, percebe-se que as heranças culturais podem estar presentes em sua decisão. O modo como relata sugere a importância que a origem étnica de seu namorado teve para sua escolha.[4]

Sua infância é bastante ilustrativa das possibilidades de relações sociais que uma sansei poderia vivenciar na cidade.

---

4   Outra possibilidade de interpretação consiste na idéia de que a origem do namorado se torna importante quando relata sua vida de um ponto de vista retrospectivo.

É preciso considerar sua descendência, neta do pastor Ono, e, embora não tenha conhecido o avô, acabou por sentir sua influência marcante. A casa de seu pai continuava muito freqüentada tanto por membros da colônia quanto por pessoas de fora, fato que pesará em sua sociabilidade.

Essas disposições da família Ono funcionaram como poderosos referenciais para a vida prática de seus membros. Foram vivenciados, aparentemente, sem traumas por Cristina, mas foram impostos quando necessário, funcionando como sanções que autorizavam ou não as escolhas dos filhos. Um dos irmãos de Cristina, odontólogo e oficial do exército brasileiro na Amazônia, teria se interessado por uma moça de origem indígena. O romance foi "desmotivado" pelas opiniões de seu pai.

A religião reaparece em Cristina como componente de seu capital social dentro e fora da cidade. O fato de ser neta do reverendo Ono, mas, principalmente, de ser membro da Igreja Anglicana, abriu-lhe as portas para estudar no Japão.

As experiências vivenciadas no Japão foram mediadas por suas disposições culturais e étnicas. Cristina relata que mesmo possuindo traços japoneses era facilmente identificada como "não japonesa". Isso teria ocorrido, entre outros motivos, em razão das roupas e dos acessórios que usava, do jeito de comportar-se. A sua condição de nipo-brasileira reaparecia em suas relações com as colegas da universidade:

> as coisas que não me interessavam entender muito, tipo esse negócio de hierarquia, sabe, esse negócio ... eu achava ridículo aquilo. Imagina, a outra lá tem um ano mais de escola que eu e por causa disso ela pode dizer: "Olha, vai lá e limpa o chão, vai lá e faça isso. Você tem que carregar as raquetes, você faz isso, você faz aquilo". Eu achava aquilo lá meio ...

Sua fala revela que não teve tantos problemas. Valia-se do fato de "não ser japonesa" para se desobrigar das formalidades e das tradições. Fato totalmente previsto pela etiqueta japonesa em relação aos estrangeiros.[5]

---

5 Para uma descrição sobre as inúmeras regras de conduta no Japão de hoje, ver Lafayete de Mente (1992).

Mas também foi um momento de vivenciar suas diferenças quanto às tradições, costumes, práticas e valores do país de origem de seus avós. Um aspecto que lhe causou preocupação foi a condição das crianças no Japão. Relata que um dos filhos da família que a hospedou ficou doente após a mudança de escola. O motivo teriam sido as dificuldades de adaptação a um novo ambiente, pois como novato acabava por ser submetido, hierarquicamente, às vontades dos mais velhos. Destaca também o problema do suicídio infantil decorrente de humilhações sofridas por um eventual fracasso na sua vida escolar.

Cristina relatou-me que, não obstante ter vivido nas condições de estudante e estrangeira, o que lhe tornou as coisas mais fáceis, não teria encontrado seu lugar no Japão.

Com 28 anos, Cristina retorna para o Brasil e para Pereira Barreto, onde se torna proprietária de uma escola de idiomas.

No final da entrevista, Cristina acaba por se auto-representar como brasileira. É como se enxerga e como se sente. Deve-se considerar a sua experiência no Japão, período em que evidenciaram, de modo claro, suas divergências em relação ao que é "ser japonês". Essa auto-representação, no entanto, vem acompanhada do conflito típico entre os nipo-brasileiros, principalmente entre os de gerações mais novas: "Eu sou brasileira, quer dizer... Meu problema é que meu pai falou 'você tem cara de japonês!'. Então os outros talvez não me enxerguem como brasileira, entendeu?".

A fala de Cristina, sua auto-representação, aponta para uma identidade brasileira. Mas as relações que estabelece em seu cotidiano indicam a complexidade e a dualidade de sua condição. Seus traços físicos, por exemplo, posicionam-na em uma situação de alteridade perante o não-nipo-brasileiro.

Osório Barbosa

Em uma das minhas visitas a Pereira Barreto conversei com o presidente da Câmara Municipal em seu gabinete. Na verdade, acabei por participar de uma conversa envolvendo assessores e alguns visitantes. A conversa foi significativa de como pessoas ligadas ao poder institucional mantêm certa distância da colônia e até como essas relações ainda passam por um sentimento de alteridade. Nessa ocasião, foi-me sugerido entrevistar Osório Barbosa. Fiquei muito impressionado com a sua idade: 103 anos! Osório Barbosa, segundo seu depoimento, chegou à região da alta noroeste, mais precisamente, às imediações do atual município de Nova Independência, por volta de 1925. Ele conta que veio a pé da Bahia, do município de Olho d'Água, seguindo a mesma trajetória do contingente de migrantes na direção do Sul. Depois de passar por Mogi das Cruzes, veio para o interior em busca de trabalho e de uma nova vida.

Osório Barbosa chegou à região da atual cidade de Pereira Barreto no começo da década de 1930, momento em que a Bratac começou a instalar a infra-estrutura da colônia. Trabalhou até o final dessa década para a empresa e o trabalho mais destacado foi o da construção da Ponte de Novo Oriente; além disso construiu estradas, aterros e fez serviços de entrega para a empresa japonesa.

Jitsunobo Igi

Jitsunobo Igi é issei, tem mais de 70 anos. Na cidade, é considerado, por nipo-brasileiros e brasileiros, como a pessoa mais autorizada para falar sobre a história local.

A minha aproximação com Jitsunobo Igi foi muito lenta e mediada por Paulo Ono. Preocupei-me em não criar nenhuma situação de constrangimento; não queria que ele tivesse a impressão de que o meu trabalho pudesse "diminuir" o que Igi já tinha realizado. Por telefone ou pessoalmente, sempre ressaltava que o caráter de meu trabalho era de complementaridade.

Jitsunobo Igi imigrou para o Brasil em 1930. Seus pais vieram para cá, segundo seu relato, por dois motivos: a doença de sua mãe e a crise econômica na qual o Japão vivia:

> Em primeiro lugar minha mãe estava bem fraca de saúde. E na terra onde eu nasci era clima temperado. Então fazia muito frio no inverno. O clima não era adequado para uma pessoa muito doente sobreviver. Minha mãe tinha que se tratar. E outro motivo para que eles

viessem para cá é que em 1930 o Japão estava em crise. Tinha muito desemprego, tinha dificuldade de sobreviver. Então meu pai achou para o bem da família vir para país tropical.

A ida para Pereira Barreto começou com uma viagem de navio de 50 dias. Foi de trem para a região de Pereira Barreto, para onde mudou após um curto período vivido nas "Alianças", a área de colonização japonesa mais antiga na região.

Sua família adquiriu um lote de terras no qual passaram a viver e a trabalhar. Embora seus pais soubessem da existência das terras em Pereira Barreto, não saíram do Japão com contrato estabelecido. Ainda jovem, Jitsunobo Igi começou a trabalhar no comércio e, ao mesmo tempo, cursava as primeiras séries escolares. Impedido, por motivos financeiros, de dar continuidade a seus estudos fora da cidade, trabalhou até conseguir abrir seu estabelecimento comercial. Hoje, aposentado, mantém sua propriedade rural.

Aos 60 anos, realizou um de seus sonhos: formou-se em Direito. O atletismo é outra atividade a que se refere com orgulho. Jitsunobo Igi representa a cidade em campeonatos regionais e estaduais e integra, ainda, a seleção paulista, em competições nacionais, e a seleção brasileira, em competições internacionais. Contou-me que acorda diariamente às 5 horas da manhã para treinar pelas ruas da cidade. Em certa altura da entrevista, levou-me para conhecer suas medalhas e troféus. Eram muitas. Fiquei muito impressionado.

Jorge Wako

Jorge é um dos filhos de Shingoru Wako, personalidade muito importante na história da imigração japonesa no Brasil. Jornalista, imigrou inicialmente para o Havaí. De acordo com o relato de Jorge Wako, a discriminação racial naquele país fez que seu pai voltasse ao Japão, para depois reimigrar para o Brasil.

No Brasil, Shingoru Wako resolve abrir um jornal em idioma japonês. Seu nome aparece por diversas vezes em *Uma epopéia moderna*[6] e esteve presente em diversas colônias no interior do Estado de São Paulo. Foi também um dos negociadores que intermediaram a compra das terras do coronel Jonas Alves de Melo pela Bratac, terras nas quais Pereira Barreto surgiria anos mais tarde. Mudou-se posteriormente para as Alianças e de lá para Novo Oriente (Pereira Barreto). Chegou a realizar uma nova experiência de colonização. Ao lado do reverendo Ono, criou uma colônia no norte do Paraná de caráter religioso. A área não era propícia ao plantio do café e a tentativa não se concretizou.

Outra realização importante de Wako foi a criação do "Harmonia" em São Bernardo do Campo. Essa instituição tinha, e tem até os dias de hoje, o objetivo de receber jovens nipo-brasileiros do interior para que possam fazer seus estudos na capital ou na região metropolitana.

Tive a oportunidade de presenciar um culto anglicano em homenagem à memória de Wako, no qual compareceram nipo-brasileiros de muitas regiões do Estado de São Paulo.

Jorge Wako é nissei e tem mais de 65 anos. A entrevista foi realizada na sala de Paulo Ono na cooperativa, o que acabou por propiciar novas intervenções de meu anfitrião. Mas se sua presença chegou em alguns momentos a desviar a atenção de meu informante, possibilitou-me perceber a admiração que nutria por Wako. Este, por sua vez, teve dificuldade de falar em português. Falava pausadamente procurando as palavras corretas, ditas com forte sotaque.

Jorge Wako nasceu em Sete Barras, no município de Eldorado, no Vale do Ribeira. Mudou-se com seu pai e sua família para uma das três Alianças e, posteriormente, com onze anos, para Novo Oriente. Embora seu pai não fosse um "homem do campo", instalaram-se em um lote de terras onde passaram a trabalhar, produzir e viver. Jorge Wako e seus irmãos trabalharam muito duro.

Na década de 1960, ele e seus irmãos tornaram-se comerciantes e instalaram em Pereira Barreto uma loja de implementos agrícolas, atividade que exercem até hoje.

---

6 Comissão de Elaboração da História dos 80 anos da Imigração Japonesa no Brasil. *Uma epopéia moderna*: 80 anos da imigração japonesa no Brasil. A partir daqui, essa fonte será indicada apenas como Comissão de Elaboração.

Léo Liedtke

O nome de Léo Liedtke foi-me sugerido por várias pessoas, nipo-brasileiros ou não. Como será observado mais adiante, além de ter morado durante muitos anos em Pereira Barreto, foi prefeito do município por dois mandatos.

Recebeu-me em seu apartamento no centro da cidade de São José do Rio Preto, onde mora com sua esposa. Conversamos durante duas horas. Com grande facilidade de articulação das idéias e da expressão, falou muito sobre sua experiência como prefeito, a ponto de ter que retomar o eixo central da entrevista.

Nutre grande admiração pelos japoneses, a quem se referia sempre com muito respeito.

> Eles eram muito animados, muito cheios de vida, muito cheios de festividades dentro da colônia deles. Aquelas festas de aniversário ... E quando era sete de setembro? No meu tempo tinha aquelas festas muito bonitas dos grupos escolares. A gente aprendeu muito com eles este trabalho, essa ... essa força para o trabalho, de economia, de não esbanjamento. Às vezes eles moram ... até hoje em Pereira Barreto tem casas de fundos de tabuinhas simples, mas você entra tem a biblioteca, quando chega naquelas festas japonesas, aquele japonês que você acha que era ignorante, chega e faz discurso. E os filhos? Um é engenheiro, o outro do ITA, outro não sei que lá no Hospital das Clínicas e todos formados!

Léo Liedtke mudou-se para Pereira Barreto em 1933, quando tinha 5 anos. Seu pai, imigrante alemão, segundo o depoimento, foi convidado pela Bratac para instalar um frigorífico na cidade. O negócio não prosperou e seu pai resolveu abrir uma padaria, negócio que levaria a família Souza a uma posição econômica social e política privilegiada na cidade.

Durante a infância, ele freqüentou escolas da cidade, conviveu com crianças de origem japonesa, estudou japonês e praticou muito esporte com os jovens da colônia.

Durante o período da Segunda Guerra Mundial, presenciou as arbitrariedades das autoridades contra a colônia e viveu, ele próprio, sua parcela de medo. Seu pai, por ser alemão, sofreu, embora em proporções menores, restrições dessas mesmas autoridades.

No final da década de 1950, comprou o único cinema da cidade, até então de propriedade de Cozo Tagushi, personalidade de grande importância para a colônia. Foi a fase de maior prosperidade econômica que viveu, ganhou muito dinheiro e comprou fazendas. Na década seguinte, foi eleito prefeito. Se o cinema deu-lhe dinheiro, o cargo de prefeito proporcionou-lhe importância e reconhecimento social. Administrou a cidade em uma fase crítica que correspondeu ao período da construção da usina hidrelétrica de Ilha Solteira. Muitos o acusam de ter impedido a Cesp de construir a cidade destinada a abrigar os trabalhadores, técnicos, administradores e todos aqueles que, direta ou indiretamente, estavam ligados à obra (médicos, professores, dentistas, engenheiros). A cidade estaria, ainda, sofrendo as conseqüências da ausência dos investimentos que a Cesp poderia ter feito na cidade. Léo Liedtke defende-se dizendo que, mesmo se quisesse, havia um obstáculo técnico: a distância, já que a obra ficava a 45 km de distância de Pereira Barreto.

Alguns anos depois de cumprir o segundo mandato, mudou-se para São José do Rio Preto, primeiro pela desilusão política vivida em relação aos correligionários e, segundo, por vontade de sua esposa. Não obstante, mantém uma casa em Pereira Barreto onde se hospeda freqüentemente quando vai à cidade.

Nilton Cesar do Nascimento

Nilton Cesar do Nascimento é um rapaz brasileiro que trabalha na cooperativa agrícola e tem uma trajetória de vida bastante interessante. Em primeiro lugar, é funcionário de uma entidade dirigida por nipo-brasileiros, o que nos coloca questões em torno do imbricamento entre a condição de classe e a condição étnica. Em segundo, casou-se com uma sansei, com quem tem um filho e, terceiro, morou, juntamente com sua esposa, durante um ano no Japão, na condição de dekassegui.

Nilton tem 22 anos, nasceu em Ilha Solteira. Seu pai é pernambucano e foi operário na construção da usina, e sua mãe é de Pereira Barreto.

Durante a infância teve vários amigos japoneses, conviviam na escola e fora dela. Foi em uma festa (nós, do interior, chamávamos de "brincadeira dançante") que conheceu sua futura esposa.

O seu relacionamento e posterior casamento foi duramente criticado pelos pais da moça, a tal ponto que tiveram que sair de Pereira Barreto. Foi quando decidiram ir para o Japão trabalhar. Durante um ano viveram em Kokasaki, próximo à cidade de Nagoya. Trabalhavam na indústria automobilística. Nilton se orgulha em dizer que seu trabalho foi reconhecido pelo supervisor (japonês) da fábrica. Eram longas jornadas de trabalho, de 10 a 12 horas diárias.

Vencido o contrato, retornaram ao Brasil e logo se empregaram em uma empreiteira no centro-oeste na construção da "Ferro-Norte". Nessa ocasião, sua mulher engravidou. A falta de recursos provocou a interrupção das obras e o casal retornou definitivamente para Pereira Barreto.

Nilton Cesar do Nascimento se emprega na cooperativa e logo seu filho nasce. É o começo da reaproximação com a família de sua mulher. Hoje, ele vive bem com os sogros. Seu filho aprende japonês com os avós e ele participa com sua esposa das atividades promovidas pela Acep.

Suzana de Castro Neves

A idéia de entrevistar Suzana de Castro Neves surgiu com a necessidade de conhecer aspectos das relações entre jovens brasileiros, pertencentes ao segmento social dos pecuaristas, e os japoneses na cidade.

Suzana tem 20 anos e estuda Medicina Veterinária em São José do Rio Preto, onde a entrevistei.

Sua família tem fazenda na cidade de Pereira Barreto. Seu pai era sócio de uma empresa agrícola que possuía plantações de soja em Mato Grosso. Hoje, mantém uma fazenda de criação de gado nelore no município de Cuiabá, naquele mesmo Estado.

Em sua infância estudou na Escola Santo André, mantida pela Igreja Anglicana, cujo pastor é de origem japonesa.

Eles ensinavam a cultura japonesa. Havia brincadeiras. Muita matemática que eles ensinavam. Tinha a igrejinha, que tinha um padre, tem até hoje. Era assim, eles adaptavam um pouco com a cultura brasileira, como a festa junina. Tudo, tudo que tem no Brasil, eles faziam. Daí tinha muitos jogos, também.

Percebe-se que vivenciou um espaço de socialização orientado administrativa e culturalmente por pessoas de origem japonesa. As brincadeiras e a sistemática de ensino eram complementadas com a culinária, doces e bolinhos de arroz. Suzana adorava a escola.

No entanto, mesmo estudando na escolinha infantil Santo André, seu círculo de amizade nas séries seguintes não incluía crianças e adolescentes de origem japonesa. "Eu acho que eles são muito fechados. Eles não se misturam, eles só se misturam por interesse. Eles não deixam brasileiro aprender a língua deles."

Suzana reproduz o velho preconceito contra os japoneses, de que são interesseiros. Apesar disso, nutre uma certa admiração por eles, principalmente no que diz respeito à preocupação com a preservação da cultura. Além da admiração, diz que aprendeu a ser mais disciplinada e determinada com os japoneses.

Arnaldo Enomoto

Arnaldo Enomoto é um próspero empresário nissei. Herdou de seu pai, Nakamura, o dinheiro e a competência nos negócios. Seu pai imigrou para o Brasil no começo dos anos 30 e, depois de viver durante um curto período da agricultura, parte para o ramo do comércio. Abre um posto de gasolina e começa a trabalhar com compra e venda de terras. É o negócio que o enriquecerá e lhe dará prestígio social. Elege-se vereador inúmeras vezes. Morre prematuramente, no início dos anos 70, em acidente de avião. Seu último grande negócio foi trazer uma multinacional japonesa do setor agropecuário para Pereira Barreto.

Naquele momento, Arnaldo Enomoto vivia e estudava na cidade de São Paulo. Volta, ainda muito jovem, para assumir os negócios do pai. Embora sempre enfatize, em sua entrevista, que não teria herdado o mesmo "dom" para os negócios do pai, o fato é que se tornou dono de uma concessionária de automóveis e sócio de uma usina de cana-de-açúcar em um município vizinho. Além disso, embora não se dê conta, possui a mesma visão empreendedora e vanguardista do pai. Entre todas as pessoas com que conversei, formal ou informalmente, foi a única que formulou uma alternativa econômica clara não só para o município mas para toda a região: o turismo. Sua viabilização, no entanto, passaria por uma profunda mudança de mentalidade da população da cidade e em especial da colônia:

> ficaram aqui trabalhando, trabalhando, trabalhando e fica o botequinho aberto, o filho é médico, engenheiro, dentista. O filho é formado lá em escola superior, mas ele está lá, naquela portinha ali. Pinta? Não pinta, não renova, não muda a pintura. Não inova nada, entendeu? Hoje o mundo é isso, quer dizer ele tirou o sustento dali, mas ganhou muito dinheiro ... Então chega um cara, faz um negócio bonito e tal: vai pintar, põe um ar-condicionado dentro da sala, vai abafar. E pessoal antigo vai ficando pra trás, esse pessoal meio retrógrado de antigamente, não vai nem fazer um curso de aperfeiçoamento e tal. Médico aqui da cidade deve fazer vinte anos que não faz um curso, entendeu? Aí chega um rapaz novo aí, recém-formado, chega aqui com a bola toda, aí vai curso todo mês, todo ano, sei lá, vai faz, faz aperfeiçoa, vai começa e arrebenta a boca do balão.

PARTE I

ASPECTOS HISTÓRICOS

1 O RETRATO DE HOJE

No dia 3 de outubro de 1996, em todo o país, elegeram-se novos prefeitos municipais. Para Pereira Barreto foi uma eleição histórica pois, pela primeira vez, conduziu-se ao cargo de prefeito um nipo-brasileiro. Isso ocorreu depois de meio século desde a primeira eleição para prefeito na cidade. Fato curioso, já que a origem da cidade é um empreendimento de colonização japonesa. A vida política da cidade segue uma trajetória própria que a diferencia de cidades de mesma origem, as quais, por inúmeras vezes, elegeram prefeitos nipo-brasileiros.

O censo demográfico de 1991 demonstra que esse grupo representa uma pequena parcela da população total da cidade. Não obstante, a cidade traz marcas da presença japonesa em muitos aspectos: na arquitetura, como o pagode na praça central, o relógio da cidade, a Ponte Novo Oriente; nas atividades econômicas, como a Cooperativa Agrícola Tietê, a Brajusco (agropecuária); na vida cultural e religiosa, expressa em seu templo budista, igreja Santo André (anglicana), festa do *Bon-Odori*. Além disso, como será apontado adiante, a presença japonesa na cidade não está inscrita apenas nesses marcos objetivados, mas também nas práticas e nas representações sociais de seus moradores.

A cidade está localizada a 630 km da capital paulista, no extremo noroeste do Estado. Ocupa um lugar de destaque na hidrovia Paraná-Tietê, já que compreende o canal de Pereira Barreto que interliga os dois rios.

O perfil econômico da cidade caracteriza-se pelo predomínio das atividades agropecuárias. O comércio atende apenas, e ainda parcialmente, às demandas locais e a indústria não vai além de atividades de pequena escala: cerâmica, olaria, serralherias e artefatos de cimento, entre outros.

A agropecuária, por sua vez, caracteriza-se pela pecuária de extensão e de corte. Destaca-se também a avicultura de corte e de produção de ovos. A primeira atividade não é tradicionalmente praticada por nipo-brasileiros (embora haja algumas exceções significativas). Já a produção de ovos tem-se afirmado como atividade praticada predominantemente por nipo-brasileiros.

O município vive hoje um impasse econômico provocado por dois acontecimentos: primeiro, a construção da usina hidrelétrica de Três Irmãos no final da década de 1970 e, segundo, a emancipação política de Ilha Solteira, no início da década de 1990, até então o mais importante distrito de Pereira Barreto.

2 OS PRIMÓRDIOS

Segundo informações arqueológicas, os primeiros habitantes da região foram índios tupi-guaranis que ali teriam vivido até aproximadamente o século X. Durante os períodos colonial e imperial, a distância da região do litoral paulista acabou por deixá-la à margem da civilização. Não obstante, sempre ocupou um lugar de importância do ponto de vista geopolítico. Com o crescimento do interesse econômico em torno de metais e pedras preciosas e na mão-de-obra indígena e, conseqüentemente, com o surgimento das bandeiras e das monções, a região passa a ser visitada pelo Rio Tietê, principal meio de acesso ao interior do continente sul-americano para quem vinha dos planaltos paulistas.

Os paulistas não cessaram de celebrar o Tietê, rio paulista em todo seu curso e cuja navegação nunca parou completamente. Já não eram, porém, suficientes os motivos capazes para lançar-se a empresas tão perigosas. Foi o que se viu claramente, em 1857, quando o imperador D. Pedro II tentou uma experiência de colonização militar, na margem direita do baixo Tietê, em Itapura: a penetração não partia mais de São Paulo, porém de Mato Grosso e do Triângulo Mineiro.[1]

---

1 A colônia militar de Itapura serviu de entreposto para as tropas brasileiras nas batalhas da Guerra do Paraguai (1864-1870); cf. Monbeig, 1984, p.94.

No século XVII, essas expedições passaram pela região em busca de acesso para a parte central da Colônia (Goiás e Mato Grosso), e para a região Sul (especialmente Guaíra e Sete Povos das Missões). Ainda nesse século, o governador do Paraguai, Dom Luís de Césperes Xéria, instalara-se na área do vilarejo de Lussanvira e na da cidade de Itapura (Taguchi, 1971, p.2). A região, no entanto, perde gradativamente a importância como ponto de passagem, à medida que outros caminhos começavam a ser utilizados.

Um novo "dono" para as terras da região só apareceria no início do século XIX: Flávio Dias da Costa. Este teria se apossado, por volta de 1815, de uma área correspondente aos atuais municípios de Itapura, Pereira Barreto, Santa Fé do Sul, Jales e Fernandópolis.

3 A INSERÇÃO DA REGIÃO NO CIRCUITO DAS RELAÇÕES MERCANTIS

A cidade de Pereira Barreto foi fundada a partir de um empreendimento japonês de colonização. Antes disso, a região era caracterizada pela presença de pouquíssimos posseiros que viviam de modo muito modesto – plantando roça de milho, criando porcos e vivendo da caça – em suas florestas. A implantação da colônia da Fazenda Tiête implicou a prática e a incorporação da região na franja pioneira. Esse processo de ocupação da Alta Noroeste ocorreu de modo singular, não obstante sua efetivação ter ocorrido no interior da dinâmica contraditória da expansão do capitalismo mundial. É o que fica claro em Monbeig (1984, p.94) sobre o início de um processo de expansão que atingiria a região em estudo a partir da década de 1920:

> A marcha ininterrupta da frente de povoamento não passa de um aspecto da exploração do planeta pelos brancos. Tanto em suas origens, como em sua continuidade, ela se prende, por sobre oceanos, às condições técnicas, econômicas e políticas do mundo. Complexo jogo de circunstâncias locais, de ordem natural e social, e de oportunidades muito mais gerais, que é preciso deslindar se se quiser compreender por que os paulistas invadiram os planaltos ocidentais, ao findar o século XIX, e por que, desde então, não se deteve essa arrancada.

O LOTEAMENTO

O loteamento[1] surge, nesse contexto, como empreendimento comercial privado tendo em vista a especulação fundiária, marca característica do movimento contraditório de expansão da franja pioneira. Os loteamentos[2] funcionaram, também, como um meio de o grileiro ou o fazendeiro garantir a posse da terra ou o lucro no caso de venda em uma situação de litígio. No que diz respeito à região, foi a partir de um loteamento que se formou a colônia que deu origem a Novo Oriente e, posteriormente, ao município de Pereira Barreto.

Antes da formação dos loteamentos, as terras da região conheceram três formas básicas de ocupação: a) manutenção das florestas como áreas de reservas financeiras; b) a exploração econômica das florestas, por meio do extrativismo vegetal, situação na qual se observa a introdução do mateiro, agente social responsável pela exploração econômica da floresta e sua transformação em pastos; e c) após o desmatamento, o surgimento dos pastos.[3]

O loteamento aparece, pois, como principal mecanismo de mercantilização da terra e de avanço da franja pioneira na região. Seu significado extrapola sua dimensão econômica mais imediata:

---

1 As companhias colonizadoras foram bastante ativas na região e lotearam extensas áreas. A São Paulo Land and Lumber Co. (inglesa) loteou 30 mil alqueires em Birigui. A Brasil Tokuchoko Kumai – Bratac – (japonesa) loteou 47.500 no município de Monte Aprazível (região do atual município de Pereira Barreto) e 12 mil em Mirandópolis; a família Moura Andrade loteou terras na região do atual município de Andradina, cerca de 25 mil alqueires, além de outras áreas menores (Cf. Tartaglia, 1993).

2 Os loteadores merecem ser citados por sua importância social e econômica na região em estudo: os loteadores compõem a estrutura social das franjas pioneiras. Constituem uma classe de mercadores de terras e exercem um papel fundamental no processo social de transformação da terra em mercadoria. "O enriquecimento dos especuladores não deixa de ser, pelo menos indiretamente, solidário com o cultivo do solo. Os loteadores compreenderam rapidamente que partido poderiam tirar desse fato e isso os instiga cada vez mais a organizarem cuidadosamente o planejamento rural" (Monbeig, 1984, p.237).

3 Por outro lado, a expansão da franja pioneira sobre a região resulta da própria crise do café. "Acentuou-se tal penetração e uma nova zona pioneira assim nasceu, como repercussão da crise e em conseqüência da legislação cafeeira, ao mesmo tempo" (ibidem, p.117).

a de transformar a terra em mercadoria. Significou, ainda, o início do processo de ocupação da região, que tem como ponto de partida os patrimônios:

> Fundar um patrimônio é prática antiga no Brasil. Até o final do último século era um ato de caráter religioso. O fundador "dava" uma parcela de terra a um santo e ali fazia construir uma capela. As pessoas fixavam-se ao redor de pequena igreja, aproveitando-se da gratuidade dos terrenos ou, de qualquer forma, do pagamento medíocre que o padre lhe viesse pedir. (Monbeig, 1984, p.235-6)

A partir dos patrimônios, articula-se um conjunto de relações que otimizava as condições para o desenvolvimento socioeconômico regional. Torna-se referência para os agricultores da região para onde iam sempre que necessitavam de ferramentas, consertos, mantimentos e, mesmo, rezar:

> O centro comercial, instalado para atrair os pequenos agricultores, vai agir, por sua vez, sobre o mundo rural. O patrimônio deve ser aprovisionado com facilidade e, para essa finalidade, são previstas instalações nos arredores: hortas, pomares, pequena criação de aves, produção de leite. O plano de colonização prevê, portanto, um modesto cinturão para a localização de chácaras, cuja superfície oscila entre 1 e 5 alqueires. Quanto mais afastado do patrimônio, mais aumenta o tamanho do lote. (Ibidem, p.236)

O patrimônio expressa, assim, uma forma peculiar da expansão do capitalismo no Brasil, onde, de modo esquemático, o meio rural centraliza as atividades econômicas e as cidades, as atividades políticas e administrativas.

A presença dos loteamentos representa um modo de ocupação da região caracterizado por um certo ordenamento: "O investimento em ferrovias, a ação das companhias colonizadoras, dos coronéis e fazendeiros deram uma relativa orientação no padrão agrícola e colonizador do território" (Tartaglia, 1993, p.133).

Além disso, o loteamento, como empreendimento mercantil, significou a transformação do papel do fazendeiro e resultou na introdução de novos agentes sociais: o loteador, o comerciante, o mateiro e o imigrante.

Uma vez visualizado o processo de incorporação da região no circuito das relações econômicas mercantis, deve-se entender como se deu a inserção dos imigrantes no interior desse processo.

4 A PRESENÇA JAPONESA

A TRAJETÓRIA DOS IMIGRANTES JAPONESES NO BRASIL

A imigração japonesa para o Brasil tem como marco inicial a primeira visita oficial de um representante do governo japonês em 1884. O deputado Massayo Neguishi viajou pelos Estados de Pernambuco, Minas Gerais e São Paulo. Dessa viagem resultou a escolha do Estado de São Paulo como o lugar mais propício para os imigrantes por causa da qualidade da terra e de suas características climáticas. Em 1895, foi estabelecido o primeiro tratado comercial marítimo entre Brasil e Japão.[1] Nessa ocasião, passa a residir no Brasil o primeiro diplomata japonês. Logo em seguida, em 1897, estabeleceu-se o contrato entre a Companhia de Imigração Tôyo do Japão e a empresa Prado & Jordão no qual estava estipulada a imigração de 1.500 japoneses para os cafezais paulistas. No entanto, o contrato foi rompido pela empresa brasileira, inviabilizando o ingresso dos primeiros imigrantes japoneses no Brasil. Cerca de sete

---
1 Esse tratado se baseava nos seguintes princípios: paz perpétua entre Brasil e Japão, instalação de representação diplomática, liberdade econômica e comercial, isenção de tributos sobre importação e liberdade de consciência, entre outros.

anos depois, refeitos dos contratempos causados pelo cancelamento do contrato, volta-se novamente a se cogitar, no Japão, o envio de emigrantes para o Brasil. Jornais japoneses divulgam relatórios otimistas sobre as terras e o futuro do Brasil.

Entre 1906 e 1907, o presidente da Companhia Colonizadora Kôkuko, Ryú Mizuno, faz visitas ao Brasil. Na primeira viagem fez um reconhecimento das condições ambientais e agrícolas do Estado de São Paulo. Na segunda, firma com o governo estadual um contrato no qual se estabeleceu a imigração de 3.000 pessoas por ano a partir de 1908. No dia 28.4.1908, parte do porto de Kobe o navio "Kasato Maru" com destino ao Brasil. Trazia a bordo 167 famílias, num total 761 pessoas, sendo 601 do sexo masculino e 190 do sexo feminino. O navio atracaria 52 dias após no porto de Santos, trazendo sonhos e a esperança de "fazer a América" e depois voltar para a terra natal.

O Brasil, por sua vez, vivia a expansão cafeeira e a crescente demanda por mão-de-obra.[2] Não foi pequena a polêmica em torno da imigração japonesa para o Brasil. Em uma época em que se discutia o "caráter" da raça brasileira, havia muitas dúvidas sobre o efeito da presença japonesa na constituição de nossa nacionalidade. Além disso, o "enquistamento" era a principal preocupação, visto que conheciam os exemplos de imigração japonesa nos EUA e outros países.

Na verdade, já existia um estereótipo em torno do imigrante asiático, que se pautava pela confusão entre as várias etnias daquele continente. Não era rara a confusão estabelecida entre trabalhadores japoneses e chineses.[3] Vejamos uma citação reveladora de todo o preconceito existente contra orientais:

> se a escória de Europa não nos convém, menos nos convirá a da China e do Japão; a introdução de "elemento étnico inferior" é sempre um perigo; ou, em caso de opção "não há dúvida que eu preferiria o europeu, porque teríamos ... os dois elementos: o colonizador, e por-

---

[2] Existe uma vasta bibliografia sobre a expansão cafeeira relacionada com a demanda de mão-de-obra imigrante. Por não ser de interesse específico desta pesquisa não trataremos desse assunto.
[3] No Brasil, a presença de chineses remonta ao Período Joanino (1808-1821).

tanto, o povoador do solo, e o trabalhador"; o chim é bom, obediente, ganha pouco, trabalha muito, apanha quando necessário, e quando tem saudades da pátria enforca-se ou vai embora. (Nogueira apud Comissão de Elaboração, 1992)

Como dissemos, tratava-se de uma questão fundamental para a constituição do povo brasileiro em uma fase marcada teoricamente pelo positivismo que identificava os tipos psicológicos às raças. A formação da índole do povo brasileiro passava, pois, pela seleção racial. Essa questão continuaria em debate até às vésperas da Segunda Guerra Mundial.

De um modo geral, pode-se dividir a história da presença japonesa em três momentos (Comissão de Elaboração, 1992): o que corresponde aos primeiros anos de vida no Brasil, caracterizados por uma estratégia de trabalho temporário de curta duração; o que corresponde a uma fase posterior, marcada pela mudança quanto ao tempo de permanência no Brasil, conhecida como estratégia de trabalho temporário de longa duração; e, por fim, o momento correspondente à fixação permanente no Brasil.

Como se pode perceber, até esta última fase a condição de imigrantes era provisória (*dekassegui*). Alguns autores consideram que essa disposição pode ter contribuído para que os japoneses mantivessem rígido controle sobre suas tradições, o que inviabilizava, por exemplo, os casamentos interétnicos.

O *dekassegui* que vinha com o firme propósito de acumular algum capital e retornar para o Japão era motivado pela necessidade de alcançar uma posição social mais favorável em sua terra natal. O que nos parece é que o imigrante vinha fortemente imbuído pelas disposições culturais, marcado pela tradição militarista e todo o conjunto de atributos éticos e morais. Além disso, o Japão tinha vencido, recentemente, duas guerras de grande importância: contra os russos (1904-1905) de quem haviam conquistado as ilhas Kurilas; e contra a China (1894-1895), cuja vitória levou à ocupação da Manchúria. É possível que essas vitórias, que alentaram a crença da superioridade de seu povo, reforçando o caráter militarista do "espírito japonês" (*Yamato damashii*), fossem uma das referências que orientavam os imigrantes japoneses no Brasil. Não que os imigrantes entendessem a imigração como ocupação militar, tal como ocorreu na Manchúria. Sua vitória estaria no retorno ao Japão após terem atingido seus objetivos.

Na verdade, o *Yamato damashii* não se esgota em seu caráter militarista. Constituiu-se como um corpo de valores, práticas e representações que se expressa em toda extensão da vida japonesa e estará presente no cotidiano dos imigrantes no Brasil. Traço do *Yamato damashii* japonês teria sido expresso desde a chegada dos imigrantes no Brasil e rapidamente percebido pelos brasileiros.

É motivo de grande orgulho o modo como foi registrado o desembarque e a triagem dos imigrantes. Há um artigo de 1908 de autoria de J. Amândio Sobral, inspetor da Secretaria da Agricultura, publicado no *Correio Paulistano*, que ilustra com muita clareza o espírito japonês, que o tornava admirável e singular entre os imigrantes. A seguir, alguns trechos dos vários aspectos do artigo, citado em sua íntegra em *Uma epopéia moderna*.

Sobre o asseio:

> Pois houve em Santos quem afirmasse que o navio japonês apresentava na sua 3ª classe mais asseio e limpeza que qualquer transatlântico europeu na 1ª classe. (Comissão de Elaboração, 1992, p.67)
>
> Depois de estarem uma hora no salão do refeitório, tiveram de abandoná-lo, para saberem quais eram as suas camas e os quartos, surpreendeu a todos o estado de limpeza absoluta em que ficou o salão: nem uma ponta de cigarro, nem um cuspo, perfeito contraste com as cuspinheiras repugnantes e pontas de cigarro esmagadas com os pés dos outros imigrantes. (Ibidem, p.66)

Sobre suas vestimentas:

> Homens e mulheres trazem calçado (botinas, borzeguins e sapatos) barato, com protetores de ferro na sola, e todos usam meias. (Ibidem)

Sobre o espírito militarista:

> Alguns dos homens foram soldados na última guerra (russo-japoneza), e traziam no peito as condecorações ... "Um delles trazia três medalhas, uma das quais de ouro, por actos de heroísmo..." (Ibidem)

Sobre a cordialidade japonesa:

Esta primeira leva de imigrantes japonezes entrou em nossa terra com bandeiras brasileiras de seda, feitas no Japão, e trazidas de propósito para nos serem amáveis. Delicadeza fina reveladora de uma educação apreciável.

Sobre o aspecto físico:

Todos os japonezes vindos são geralmente baixos: cabeça grande, troncos grandes e reforçados, mas pernas curtas ... O que sobretudo attráe a nossa attenção é a robustez, o reforçado dos corpos masculinos, de músculos poucos volumosos (admira, mas é verdade!) mas fortes e de esqueleto largo, peitos amplos. (Ibidem, p.67)

Sobre a personalidade:

penteada com cuidado, perfeitamente em harmonia com a gravata que todos usam sem incompatibilidade com os calos que todos trazem nas mãos. (Ibidem)

O conjunto dessas citações possibilita-nos perceber, pelo relato do inspetor, alguns aspectos culturais singulares entre os japoneses. Pode-se dizer que as representações presentes no relato são fruto de uma intenção objetiva por parte dos imigrantes em criar e afirmar uma imagem que é produto de sua auto-representação: ordeiros, orgulhosos, fortes, trabalhadores e cordiais.

Tomoo Handa (1980), em *Memórias de um imigrante japonês no Brasil*, faz um relato das experiências cotidianas das primeiras levas de imigrantes japoneses ao país. Por meio dele é possível visualizar um conjunto de aspectos bastante significativos da experiência daqueles imigrantes nas décadas de 1910 e 1920.

Entre as muitas particularidades que marcaram a vida dessas pessoas que vieram para o Brasil, destaca-se a formação das famílias conhecidas como compostas. Essas famílias estruturavam-se a partir das exigências impostas como condição para emigração. Os casamentos atendiam, assim, às exigências feitas aos emigrantes. Em torno do casal, reuniam-se parentes de ambos os lados; o grupo poderia compreender, em geral, até dez membros. Na verdade, o casamento arranjado, embora tenha criado algumas dificuldades para a família imigrante (Handa, 1980, p.43), não era nenhuma novidade entre as tradições japonesas, ainda que o propósito o fosse. Tomoo Handa atribui a esse tipo de família uma das dificuldades vividas pelos imigrantes.

Chegando ao Brasil, as primeiras levas de imigrantes eram distribuídas pelas fazendas de café. Iniciariam, então, uma nova vida marcada pela esperança do enriquecimento rápido e do breve retorno ao Japão. As dificuldades enfrentadas pelos imigrantes seriam imensas. A começar pelas refeições – pão com mortadela – servidas nos trens que os conduziam até as fazendas. As casas nas colônias das fazendas nada tinham de semelhante com as que moravam no Japão. A alimentação também continuava a causar problemas, já que não existiam verduras e legumes e sua dieta restringia-se a arroz, carne bovina ou de peixe salgado e banha de porco. Essas características, embora pareçam sem importância, revelam na verdade conflitos vivenciados em decorrência de seu *ethos* inscrito em seus hábitos alimentares.

Mas as dificuldades e as frustrações não foram apenas essas. Handa descreve a decepção dos imigrantes ao encontrarem lavouras de café decadentes e em épocas de entressafra. O sonho de retornar rápido para o Japão tornava-se mais distante.

Enquanto isso, na lavoura do café, nas roças, nos armazéns das fazendas, em seu dia-a-dia, trava-se um conjunto de relações sociais quase sempre marcadas pelos conflitos.

Uma primeira dimensão desses conflitos refere-se à relação com trabalhadores de outras nacionalidades. Imigrantes italianos, espanhóis, trabalhadores brasileiros paulistas, nortistas, nordestinos e imigrantes japoneses conviviam na mesma fazenda (relações que seriam vivenciadas em circunstâncias e em uma correlação de forças diferentes em Pereira Barreto). As diferenças culturais eram profundas, criando barreiras, ainda que não fossem intransponíveis em algumas circunstâncias, que se cristalizavam em forma de preconceitos e estereótipos.

A vida dos primeiros imigrantes no Brasil foi marcada, ainda, por outro conjunto de conflitos, a começar pelas empresas japonesas de emigração e colonização. Segundo Handa, grande parte das propagandas sobre o Brasil feitas por essas empresas de emigração no Japão não correspondiam à realidade das fazendas e cafezais paulistas. Algumas empresas apropriaram-se de modo indevido do dinheiro que os emigrantes teriam colocado sob a sua guarda. A dramaticidade da revolta dos emigrantes é descrita por Tomoo Handa (1980, p.16):

> Preocupado com o agravamento dos acontecimentos, o representante no Brasil Shushi Uetsuka (então com 33 anos), após tentar convencer aquele porta-voz do grupo de Okinawa com várias explicações – é o que imagino – por fim estendeu a cabeça e pediu-lhe que, não aceitando como satisfatórios os esclarecimentos, o degolasse.

Uetsuka não foi degolado. O dinheiro dos emigrantes teria sido utilizado para saldar dívidas da empresa. Além do mais, os custos com a viagem oneravam, ainda mais, as famílias que trabalhavam quase exclusivamente para saldar suas dívidas. Assim, as empresas japonesas tornaram-se focos de conflitos.

Esses acontecimentos revelam dimensões da emigração japonesa para o Brasil em um momento em que estava sob a responsabilidade de empresas particulares. Há, como se vê, evidências de que se tratava de grupos que buscavam o enriquecimento rápido com o novo negócio: o da emigração no Japão.

Após a distribuição nas fazendas, os imigrantes passaram por novas desilusões: as condições dos cafezais, das casas, da alimentação e da baixa remuneração. As atividades e habilidades para tornar o trabalho no café rentável foram sendo desenvolvidas pouco a pouco, contrastando com o firme propósito e disposição para o trabalho:

> No primeiro dia todos acordaram às 3 horas e formaram um grupo. E assim, homens carregando escadas, mulheres com bebês amarrados às costas e crianças transportando marmitas acorreram ao cafezal, chutando o sereno das relvas, em marcha heróica em que ninguém queria ficar para trás. (Handa, 1980, p.47)

Vale a pena nos remetermos à descrição de Tomoo Handa (p.46) sobre o trabalho no cafezal:

> Terminando o serviço da derriça, passam-se para a peneira os frutos derrubados sobre o lençol; a seguir, gira-se a peneira para coar a

terra e a poeira, e por meio do lançamento do seu conteúdo para o alto, retiram-se as folhas e demais impurezas.

Evidentemente, serviços como esses não eram particularmente difíceis de executar. Mas era preciso tempo para aperfeiçoar-se. Principalmente no manejo da peneira, no qual sem destreza, o serviço não rendia... Com o avanço da habilidade, as cerejas sobem a peneira, em faixa, para o alto do ombro direito, para, depois de expelidos os ciscos ao vento, retornar como que sugadas pela peneira.

O relato de Tomoo Handa possui uma tonalidade épica, como de resto são marcados registros históricos e biográficos sobre a imigração japonesa por autores e escritores nipo-brasileiros. Revela, também, a incorporação de novas habilidades que são, na verdade, expressão de sua condição de imigrante. O desenvolvimento dessas habilidades são novas marcas inscritas em seu *habitus* adquiridas pela experiência de vida e trabalho vivificados no Brasil.

Distantes dos representantes diplomáticos, voltaram-se contra os intérpretes, com quem podiam falar no mesmo idioma. Esses intérpretes, geralmente, eram funcionários das empresas de colonização que trabalhavam com o fazendeiro que havia contratado imigrantes japoneses.

As adversidades encontradas na moradia, nas relações com patrões, colegas de outras nacionalidades e intérpretes, as frustrações dos sonhos dos *dekasseguis* e as dificuldades no trabalho resultaram em um conjunto de reivindicações que levariam os imigrantes à greve, dimensão pública de um conflito que até então permanecia latente. Embora pareça não ter sido uma prática generalizada, a greve foi utilizada como mecanismo de pressão sobre donos, administradores da fazenda e, também, intérpretes que não "compreendiam" os motivos dos grevistas. Após dois meses de ingresso na Fazenda São Martinho,[4] deflagrou-se um movimento grevista. O motivo era essencialmente salarial, já que havia dois meses que não recebiam. Faziam outras reivindicações: que os salários passassem a ser pagos mensalmente, que houvesse adiantamento salarial e pagamento extra por serviços de carpintaria. Quase todas as reivindicações foram recusadas e alguns de seus líderes foram expulsos da fazenda.

---

4 Região de Ribeirão Preto, Estado de São Paulo.

Ao contrário das greves, as fugas das fazendas tornaram-se práticas usuais. Era o meio de livrar-se das dificuldades de saldar as dívidas cada vez maiores com os fazendeiros.[5] Muitos imigrantes dirigiam-se para outras fazendas, cuja situação correspondesse melhor a suas expectativas: cafezais mais produtivos e salários mais compensadores. Outros buscariam empregos nas construções das estradas de ferro Sorocabana e Noroeste.

Até aqui a trajetória dos imigrantes japoneses no Brasil revela sua dimensão conflitiva, o que é muito significativo, considerando as disposições do *ethos* japonês. O respeito pela hierarquia, a busca do equilíbrio, a hegemonia do coletivo não impediram a emergência de enfrentamentos. O que indica que essas disposições não passam pela resignação ante as situações consideradas adversas.

A avaliação sobre a experiência da "primeira leva" é de fracasso. Entre outras, Tomoo Handa (p.74-5) destaca os seguintes motivos: pouca experiência dos imigrantes na lavoura; composição artificial e circunstancial das famílias; extorsão praticada pelos fazendeiros e donos de "vendas"; baixa produtividade do café; problemas decorrentes das diferenças culturais. Esses seriam os motivos alegados pelos próprios imigrantes. As empresas de colonização fizeram sua própria avaliação na qual o fraco desempenho dos imigrantes da primeira leva era justificado em razão das circunstâncias, tanto no Japão, na ocasião da saída, quanto no Brasil no momento de sua chegada. Desconhecia-se a realidade do regime de trabalho nas fazendas paulistas; além disso, desconheciam-se as adversidades da condição do imigrante em país de cultura tão diversa. Por último, a morosidade na arregimentação do contingente fez que seu ingresso ocorresse no meio da safra do café, quando a produtividade do trabalho começava a decrescer (p.77).

Ante essas adversidades, o Ministério das Relações Exteriores do Japão estabeleceu um conjunto de medidas que visavam viabilizar uma maior rentabilidade do trabalho do imigrante. Essas medidas iam desde os novos critérios de seleção dos imigrantes (ter experiência comprovada na agricultura) até criar condições adequadas para a instalação dos imigrantes nas fazendas.

---

5 O mecanismo de endividamento mais usual foram os armazéns das fazendas.

Interessa notar que entre os motivos do chamado fracasso dos imigrantes japoneses no Brasil existia a expectativa de ganhar dinheiro e voltar para o Japão. Os objetivos são claros e o espírito que move os emigrantes orienta-os para sua conquista. Por isso, a experiência do primeiro grupo de imigrantes no Brasil é submetida à avaliação e medidas são tomadas para se evitar a recorrência dos erros. É possível perceber mais uma vez a influência no plano do imaginário e também no plano prático que as guerras contra a Rússia e a China podem ter exercido sobre os imigrantes. Movidos igualmente pela crença do poder e superioridade do espírito japonês que moveram seus compatriotas nos campos de batalhas, os imigrantes não teriam a mesma sorte no Brasil.

A segunda fase da imigração japonesa no Brasil começa com a desilusão quanto ao fácil enriquecimento e o rápido retorno para o Japão. Assim, estabelecem uma nova postura: a de permanência provisória de longa duração.

A primeira fase foi caracterizada pelo regime de trabalho do colonato. Como já apontado, muitos dos imigrantes permaneceram nas fazendas até vencer o contrato; outros, porém, partiram para outras experiências de trabalho – como nas ferrovias paulistas –, fugindo da exploração de que eram vítimas e buscando outras alternativas para acumular o capital necessário para retornarem ao Japão.

As frustrações vividas na primeira década de vida no Brasil obrigaram os imigrantes gradativamente a reavaliarem seu projeto inicial de permanecer pouco tempo no Brasil. Essa reavaliação implicou uma nova estratégia. Os imigrantes passaram a almejar o trabalho autônomo, o que, em um primeiro momento, seria conquistado com a aquisição de terras nas franjas da frente pioneira paulista.

Almejar a condição de proprietário ou mesmo de arrendatário transcendia a dimensão econômica em seu sentido restrito. Significava, também, credenciar-se perante a comunidade de origem, no Japão.

Chegar à condição de proprietário, no entanto, exigiu por parte dos imigrantes um esforço que aparece como expressão do espírito nipônico motivada pelas condições adversas nas fazendas que ameaçavam seus objetivos.

Como foi mencionado, com a disposição de passarem da condição de colonos para a de proprietários, os imigrantes visualizaram, na expansão da franja pioneira paulista, a grande oportunidade. Entretanto, depararam com áreas ainda cobertas por matas nativas. Mais uma vez, a determinação dos imigrantes será representada como expressão do espírito japonês, ou ainda, segundo a definição de Sakurai (1993), do *gambarê*. O desmatamento, a preparação do solo, o enfrentamento das adversidades naturais e das doenças tropicais, tudo teria sido vencido com a determinação dos imigrantes.

A partir de então, de um modo geral, os imigrantes passaram a dedicar-se à produção agrícola, agora na condição de proprietários. Além do café,[6] os imigrantes buscaram desenvolver culturas com as quais se sentiam mais familiarizados, como o arroz. Essa cultura foi mais desenvolvida no triângulo mineiro, distante, portanto, do Noroeste paulista.

Posto que os primeiros contingentes de imigrantes não eram de agricultores em sua maioria, à medida que acumulavam algum capital muitos preferiam abandonar o campo e dedicar-se a alguma atividade urbana, em especial ao comércio. Nas pequenas cidades do interior paulista, abririam um pequeno negócio, geralmente um botequim, um armazém, cuja clientela seriam seus patrícios.

A mudança de planos quanto ao tempo de permanência no Brasil implicou, também, a formação das "colônias", geralmente organizadas espontaneamente (Comissão de Elaboração, 1992, p.85) por imigrantes proprietários. As colônias organizaram-se em quase todas as áreas de presença japonesa: na periferia da capital paulista, no litoral, ao longo das ferrovias Sorocabana e Noroeste no Estado de São Paulo, bem como no norte do Estado do Paraná.

É nesse contexto que se observa a formação das colônias de Aliança e Tietê na região de Pereira Barreto. Nesses casos, no entanto, tratava-se não de uma formação espontânea, mas organiza-

---

6 Atividade que aos poucos deixa de ser atraente economicamente, sobretudo se considerarmos que se tratava de pequenas e médias propriedades e o fato da produção do café já ter atingindo limites que a tornavam pouco rentável.

da pelo capital privado japonês. A Burajiru Takushohu Kumiai (Bratac) atuou na formação, além das duas já citadas, das colônias de Bastos e Três Barras.

A formação de colônias responde a uma característica cultural japonesa, a saber o caráter gregário de seu povo. Associações de vários níveis, com propósitos vários, estruturaram-se à medida que as colônias se consolidavam.

Surgiram associações de moças, de moços, outras com finalidades culturais, esportivas, profissionalizantes, associações das associações, enfim, organizavam-se associações sempre que surgia a necessidade de se equacionar problemas e de favorecer o desenvolvimento do grupo. A disposição de se organizarem desse modo é uma herança que os imigrantes trouxeram do Japão, cuja estrutura social baseava-se na *mura* (aldeia rural). No Brasil, a formação das colônias espontâneas ocorria geralmente ante a necessidade de tratar assuntos coletivos. Ocorria então a eleição do líder e demais responsáveis pela administração. Todo e qualquer assunto que dizia respeito à colônia estava sob a responsabilidade de uma pessoa eleita para esse propósito. Também as cerimônias coletivas, os casamentos e os batismos eram cuidados segundo a tradição herdada, assim como as punições dos delitos contra a coletividade. Nesse caso, a pena usada era o *mura-hachibu* (ibidem, p.92).

Entre outros tipos de associações, destaca-se a dos moços. Essas associações destinavam-se, geralmente, às atividades esportiva e de aperfeiçoamento intelectual. Esta última visava suprir as deficiências produzidas pelas dificuldades de se manter e de enviar os filhos para estudar. As associações, assim, desenvolviam atividades e buscavam desenvolver intelectual e espiritualmente os jovens, quer nos aspectos culturais brasileiros, quer no de sua cultura de origem.

Essas associações utilizavam-se de um sistema de troca contínua de material impresso em língua japonesa. Nota-se que a relação com o material de divulgação atendia às necessidades do grupo. É uma conduta muito peculiar a de "ler e passar adiante" (p.130) que revela a dupla preocupação de aperfeiçoamento do espírito e compartilhamento com o grupo.

A CONSTRUÇÃO DE UMA IDENTIDADE INACABADA 61

Além das atividades culturais, as associações organizavam programações esportivas. O esporte era muito praticado não só como meio de aperfeiçoamento e desenvolvimento da disciplina, dado da herança cultural, mas também como intercâmbio entre os jovens de várias colônias. Atividades culturais e esportivas poderiam ser desenvolvidas em grandes encontros entre jovens de várias regiões. Daí se originam as associações culturais e esportivas. Em Pereira Barreto, a Associação Cultural e Esportiva local transformou-se na referência social mais importante da colônia.

Ao lado dessas associações, sugiram as cooperativas. Assim como as colônias, a organização e a estruturação das cooperativas devem ser pensadas a partir da herança das práticas culturais japonesas (Cardoso, 1972). Sua criação resulta da necessidade de acumulação de capital, combinado por meio das heranças culturais: espírito gregário e hierarquia. Além das cooperativas locais, diretamente ligadas aos produtores das colônias, organizaram-se cooperativas que congregaram outras de menor porte, com o objetivo de estreitar os laços entre as várias cooperativas, bem como o de tornar as atividades mais lucrativas, interferindo no preço dos produtos agrícolas, disseminando novas técnicas, garantindo preços mais rentáveis na comercialização etc. As cooperativas agrícolas desempenharam assim um papel fundamental no desenvolvimento econômico das várias colônias. Embora sua origem esteja relacionada com as atividades econômicas, muitas cooperativas também desenvolveram importantes atividades culturais (Comissão de Elaboração, 1992, p.105). Sua história confunde-se com a de muitas colônias como é caso da Cooperativa Agrícola da Fazenda Tietê em Pereira Barreto que, como será visto, ainda hoje é o grande referencial da presença japonesa do ponto de vista econômico na cidade.

Também no plano simbólico, a trajetória dos imigrantes japoneses no Brasil pode ser pensada com base nas heranças culturais. Célia Sakurai (1992, p.52) apontou a existência de uma postura do imigrante perante a vida e o trabalho conhecida como *gambarê*.

> Pode-se traduzir o *gambarê* como esforço com resignação, ou seja, a força para seguir adiante mesmo diante da dificuldade. A resignação diante da realidade, aliada à força de vencer, marca profundamente a permanência dos imigrantes japoneses e seus descendentes.

Seu estudo baseia-se em romances de autoria de escritoras japonesas, mas é possível localizar essa disposição espiritual em outras fontes. Em *Uma epopéia moderna* (Comissão de Elaboração, 1992, p.83), dentre outros relatos, destaca-se o de Kumajiro Inage, originário da província de Fukuoka, que chegou ao Brasil em 1912:

> Mas depois não tivemos nenhum doente, achando-os todos trabalhando a todo vapor. No começo eu mesmo fiquei pessimista ... cheguei cogitar mudar de fazenda, porém, refletindo bem considerei melhor ser perseverante ... Segui o princípio de trabalhar com a família unida, o que afasta a pobreza ... Este ano, por exemplo, estamos todos auferindo rendimentos melhores do que os esperados. Estamos certos de que é possível vencer tudo com paciência e esforço.

A perseverança, a paciência e o esforço, bem como a ponderação, tornaram-se atributos fundamentais para que os imigrantes alcançassem certa estabilidade econômica. É esse componente ético[7] que os orientava diante das adversidades da condição de imigrante.

É necessário considerar, no entanto, que os esforços e as atenções estavam todas voltadas para a acumulação de recursos financeiros que possibilitassem seu retorno para o Japão. Desse modo, os atributos éticos acima explicitados convergiam para esse propósito quase exclusivamente. Outras dimensões de suas vidas, ainda que fundamentais, como alimentação e habitação, foram colocadas em segundo plano. O resultado foi uma situação aparentemente contraditória pela qual os imigrantes eram duramente criticados, principalmente por funcionários do corpo diplomático no Brasil, pois suas condições de vida e higiene negavam a imagem que os próprios imigrantes transmitiam ao desembarcarem no Brasil. É necessário, contudo, considerar os propósitos e as prioridades

---

7 A importância de disposições éticas foi estuda por Weber. A ética protestante baseia-se no asceticismo secular inspirado e pautado em uma perspectiva de trabalho concebido como glorificação divina. O *ethos* do burguês racional, nessa perspectiva, é instituidor de um conjunto de práticas e representações de caráter ético que informam o *habitus* do capitalista e o predispõem ao sucesso no campo econômico (cf. Weber, 1985). Por sua vez, podemos falar em um *ethos* japonês, enquanto um conjunto disposições caracterizado pela hierarquia, pelo princípio da harmonia, pelo princípio dos deveres recíprocos, igualmente orientador das práticas e representações sociais.

dos imigrantes no Brasil. A passagem a seguir retrata as condições de vida e os problemas que o imigrante vivia no momento em que lutava para atingir seu objetivo.

> As moradias nas fazendas ... e nas colônias recém-formadas no meio da mata virgem, regra geral, não apresentavam o mínimo de conforto. Não raro famílias inteiras dormiam num único compartimento, do que – como é fácil imaginar – resultavam em tensões morais e instabilidades emocionais. Nessa situação, aconteciam relações sexuais ilícitas, atritos e violências. A mulher vivia, em certas colônias, sexualmente quase indefesa, dentro de casa ou em lugares ermos. (Comissão de Elaboração, 1992, p.107)

Em contrapartida, com base em seus atributos éticos e em seus propósitos materiais, constituiu-se, entre os imigrantes que se aventuravam no sertão paulista, um espírito de pioneirismo expresso em hinos e canções que ressaltavam o seu desprendimento e, ao mesmo tempo, reafirmavam seu vínculo com sua pátria.

Deve-se atentar, ainda que superficialmente, para outro aspecto significativo para a compreensão da experiência da imigração japonesa no Brasil: os jornais. De um modo geral, a criação de jornais em idioma japonês revela alguns aspectos que explicitam as particularidades do imigrante japonês, como o alto índice de alfabetização e a disposição em criar laços mais profundos entre os japoneses no Brasil. Os jornais em idioma japonês serviam, como mecanismo de divulgação de informações que interessavam aos imigrantes tais como vendas de terra, notícias sobre as condições de vida e trabalho nas várias colônias, oportunidades e negócios. Os jornais cumpriam, então, o papel de consolidar os laços entre os membros da colônia e também serviam como veículo de informações, elemento fundamental para a conquista de seus objetivos.

Assim o ano 1923 é um importante marco no processo de emigração japonesa e da imigração no Brasil:

> 1 O Brasil é agora, praticamente, o único país onde o imigrante japonês é ainda recebido.
> 2 O governo japonês passou a interessar-se diretamente e deu o seu apoio à ação das Companhias de Emigração, incrementando e subsidiando a vinda de trabalhadores japoneses.

A partir de 1925, o Brasil é para o Japão não apenas praticamente o único país recebedor de imigrantes, mas também mercado potencial para investimentos.

A produção dos agricultores japoneses da frente de expansão do Estado de São Paulo é oficialmente estimulada e amparada desde 1935 e orienta-se para a produção de matéria-prima para o mercado japonês. O capital japonês não é apenas aplicado no setor agropecuário, mas desde 1935 interessa-se pelos setores comercial e industrial.

A década de 1930 é o marco da diminuição da entrada de imigrantes no Brasil. Com o término da Segunda Grande Guerra, no entanto, é restabelecida a entrada de imigrantes ainda que em número reduzido.

No entanto, na mesma década, essa tendência de crescimento da imigração japonesa é drasticamente alterada, por causa da Revolução de 1930, da ascensão de Vargas e das conseqüências sociais, econômicas e políticas. A Constituição de 1934 começaria por criar limites institucionais para a imigração. O regime de cotas (art. 121, § 6) limitaria a entrada de imigrantes em 2% do contingente já existente. Essa diminuição foi sentida na colônia de Novo Oriente, constituindo-se, como veremos, em um dos fatores responsáveis pelo fato de o projeto inicial da Bratac nunca ter se concretizado completamente.

Segundo Monbeig, a região Noroeste "drenou" cerca de 26,6% do total dos migrantes e imigrantes das zonas rurais do Estado de São Paulo entre 1929 e 1930. Esse contingente foi fundamental para a efetivação do povoamento da região.[8]

Os dados disponíveis indicam que a presença japonesa foi significativa na região em estudo. Fato que distingue Pereira Barreto das cidades vizinhas: "Todos os municípios da região com exceção de Pereira Barreto, que é uma ilha etnográfica de fundação recente, tiveram a mesma formação" (Almeida, 1945, p.31).

---

8 Além disso, havia dificuldades quanto à qualidade de vida que o meio oferecia. Não foram poucos os casos de malária, leishmaniose e outras doenças que dificultavam o estabelecimento de quem se aventurasse por aquelas bandas (cf. Monbeig, 1984, p.184-95).

A presença japonesa na região de Pereira Barreto remonta à construção da Estrada de Ferro Noroeste do Brasil.[9] O trabalho na ferrovia apresentou-se como uma alternativa ao duro trabalho nas lavouras de café (Handa, 1980; Comissão de Elaboração, 1942).

A PRESENÇA JAPONESA NA REGIÃO E A TRAJETÓRIA DE PEREIRA BARRETO

A área de aproximadamente 48.000 alqueires de propriedade do coronel Jonas Alves de Melo foi comprada pela Sociedade Colonizadora do Brasil Ltda. (Brasil Tokuchoko Kumai). A negociação envolveu um conjunto de autoridades e personalidades japonesas e brasileiras, entre outras as do Dr. Mitsussada Umetani, Sr. Tokuya Kose, Shungoru Wako, Rodolfo Miranda e Jonas Alves de Melo.

A escolha da área obedeceu a alguns requisitos:

> Que estivessem situadas nos Estados de São Paulo e Paraná; que tivessem mais de 10.000 alqueires; cujo preço fosse menos de 250.000 (duzentos e cincoenta mil réis); que estivessem localizadas a menos de 40 km da estação ferroviária; que fossem de terras salubres e férteis; cujas escrituras fossem legalmente reconhecidas; que fossem ricas em água, era indispensável ter aguada em cada lote de 10 alqueires depois de loteado. (Igi, 1978, p.24)

No final da década de 1920, quando a franja pioneira alcançava as partes mais ocidentais do Estado de São Paulo, a Companhia Colonizadora do Brasil (Bratac) adquiria terras na região. Esse seria o primeiro passo decisivo para a formação da área de colonização japonesa que, posteriormente, receberia o nome de "Novo Oriente".

---

9 A Estrada de Ferro Noroeste do Brasil liga a cidade de Bauru no Estado de São Paulo à de Corumbá no Mato Grosso do Sul. O início de sua construção data de 1909 e em 1911 já atingia a Estação de Lussanvira, futura porta de entrada para imigrantes em Pereira Barreto. A estação foi desativada na década de 1950.

A compra das terras e da fundação da colônia que dariam origem ao município de Pereira Barreto não representa, no entanto, o primeiro momento da presença japonesa na região. Antes disso, foram criadas três colônias localizadas no atual município de Mirandópolis (vizinho de Pereira Barreto) conhecidas como 1ª Aliança (5.500 ha), 2ª Aliança (5.000 ha) e 3ª Aliança (4.250 ha), fundadas respectivamente nos anos de 1923, 1926 e 1927 (ibidem, p.24-5).

A Bratac – que teve como antecessora a Federação Cooperativa de Colonização no Exterior – atuou em outras regiões, basicamente nos Estados de São Paulo e do Paraná (Salgado, 1971). A Bratac loteou aproximadamente 47.500 alqueires no município de Monte Aprazível (hoje, região do atual município de Pereira Barreto) e 12 mil em Mirandópolis (Tartaglia, 1993, p.137-8). Em 1959, data de sua dissolução, gerenciava no total cinco fazendas. Seu objetivo inicial em termos de produção agrícola, no caso em estudo, era produzir café.

A escritura das terras em que está localizado o município de Pereira Barreto passou para a Sociedade Colonizadora do Brasil Ltda., em março de 1929, ano em que obteve o registro (Igi, 1978, p.25).

A área da futura colônia localizava-se entre os Rios Tietê e São José dos Dourados. Seu perímetro era de 171 km, dos quais 57 km margeavam o Rio Tietê e outros 25, o Rio São José dos Dourados (ibidem).

A criação de uma nova colônia na região deve ser entendida como uma continuidade na nova política de emigração do governo japonês marcada pela fixação definitiva no Brasil. Isso em razão de dois motivos básicos: a) melhorar as condições de vida do imigrante japonês no Brasil, transformando-o em pequeno proprietário:

> Então na época já tinha passado 20 anos que o primeiro imigrante veio para o Brasil, isso foi em 1908. O primeiro que veio para o Brasil já tinha passado 20 anos ... Todo mundo estava passando mal, passando dificuldade. Fizeram uma propaganda que era no Brasil cinco ou três anos ficava rico podia voltar para o Japão, né... (Jitsunobo Igi)

b) garantir que o imigrante se fixasse definitivamente no Brasil eliminando a possibilidade de um eventual retorno para o Japão:

> Então essa companhia loteava lotes para cada família 10 alqueires e eles faziam uma estrutura de todo o jeito, né. Toda área, por exemplo: construía estrada, fazia pontes, construía escolas em cada sessão (cada bairro), construía hospital. (Jitsunobo Igi)

No entanto, a exemplo da maioria dos imigrantes japoneses no Brasil, os que foram para Pereira Barreto não pensavam como o governo e as empresas de colonização japonesa:

> Mas imigrante, como eu tenho visto, 99% dos imigrantes que vieram do Japão pensavam "vou lá, vou trabalhar uns 2 anos ou mais um pouco, vou pegar um dinheirinho bom, vou voltar para o Japão". O objetivo era esse dos imigrantes no Brasil. (Jitsunobo Igi)

Foi sob esse descompasso de expectativas e interesses entre imigrantes e agentes da emigração japonesa que se constituiu a colônia da Fazenda Tietê.

As quatro primeiras famílias de imigrantes japoneses que vieram diretamente para colonizar a região chegaram entre 17 de novembro de 1928 e 28 de abril de 1929; foram Kagueki Oonari, Kiichi Takeuchi, Gonroku Yoshimura, Hirosuke Ishida, provenientes da província de Hiroshima.

A instalação definitiva dessas famílias na Fazenda Tietê, mais precisamente na seção A (atual seção União de Pereira Barreto), só ocorreria nos dias 1º e 2 de junho de 1929 (ibidem, p.26-7). Em grande parte, as famílias japonesas que se instalaram em Pereira Barreto vieram diretamente do Japão. Mas observaram casos de imigrantes que se deslocaram de áreas de colonização de outras regiões do Estado de São Paulo, como é o caso dos pais de Jitsunobo Igi:

> ele morava na época em Registro, litoral, né. Mas ele mudou para Aliança. Aliança estava formando, já estava entrando, já estava vindo proprietários diretamente do Japão para a Aliança. (Jitsunobo Igi)

Após a obtenção da escritura e da vinda dos primeiros técnicos e administradores, iniciou-se o planejamento da implantação da colônia. Inicialmente, ainda às vésperas da grande crise de 1929, estabeleceram que, ao final do terceiro ano da implementação da colônia, deveriam ser plantados 300.000 pés de café em uma área de 15.000 alqueires.

A área em que foi estabelecida a colônia era de mata densa. As paisagens naturais, bem como as dificuldades e desafios de transformar a mata e as áreas alagadiças em locais apropriados para a vida e para o cultivo da terra, sempre são relatadas com tonalidades épicas. De fato, a instalação da colônia na região não se deu sem a persistência e sacrifício das famílias imigrantes. Ao desembarcar na estação ferroviária, a apreensão, quando não a decepção, dos imigrantes era muito grande. Já que, além do grande isolamento físico em que se encontravam, levantava-se diante de si uma imensa floresta. Não havia cidade. Havia mata, área de loteamento da Bratac.

A área de 47.500 alqueires foi dividida em 12 seções: União, Inhumas, Barra Bonita, Lageado, Poti, Dourados, Santa Terezinha, Ponte Pensa, Julia Augusta, Piracanjuba, Paraíso e Novo Paraíso (*Administração Espacial de Ilha Solteira*, 1971, p.26).

Na área, na qual hoje se localiza a cidade de Pereira Barreto, foi criado um patrimônio, que inicialmente abrigava as casas dos administradores da Bratac, bem como médicos, farmacêuticos, professores, que, aos poucos, mudavam-se para Novo Oriente.

A cidade foi planejada para abrigar um conjunto de atividades e de profissionais que expressassem o próprio objetivo da empresa colonizadora, os aspectos e as atividades considerados prioritários e fundamentais para que o empreendimento se tornasse bem-sucedido:

> O planejamento da cidade feito pelo ex-diretor gerente e nosso inesquecível fundador, D. Mitsussada Umetami, 1929, consistia em construir: escola primária, escola agrícola de nível ginasial, hospital, máquina de arroz, máquina de beneficiar café, serraria, olaria, residências para: administrador, médico, farmacêutico, professores e demais funcionários da entidade. Praça de esportes para: futebol, baseball, atletismo, hipódromo, piscina, luta, até o jogo de golfe; jardim, cemitério, sede social (clube), fiação de seda, usina de açúcar e construção da ponte Novo Oriente etc. etc. (Igi, 1978, p.79)

Por outro lado, a maioria das famílias de imigrantes estabeleceu-se junto aos lotes adquiridos da Bratac. Por volta de 1932, momento em que parte considerável dos lotes já havia sido comercializada, apenas a principal rua do patrimônio comportava algumas construções:

> Tinha somente máquina de arroz, tinha construído, tinha uma casa onde morava o fiscal da companhia. E demais casas que tinha, tinha quatro casas, tinha uma de tábua e as demais casas que tinha, quatro ou cinco, tudo era de pau. Agora tudo aqui era sapezal, porque já tinha derrubado (a floresta) e como venda do Japão (a venda dos lotes) demorou bastante, então ficou danado. (Jitsunobo Igi)

Tudo indica que a formação do patrimônio demorou mais do que os administradores da Bratac previam ou que, pelo menos, a vegetação voltou a crescer mais rápido do que o esperado. No entanto, naquele mesmo momento, o patrimônio já dispunha de uma infra-estrutura básica: escolas, ginásio de esportes, praças, hospital, serraria, olaria etc.

Logo começou a se formar uma estrutura comercial, ainda que de modo muito precário:

> Em seguida foram construídos os seguintes estabelecimentos comerciais: armazém de secos e molhados (de pau-a-pique), do Sr. Kuniki Fukushima (filial da Casa Sugayma, de Araçatuba), armazém com ferragens tecidos e armarinhos (pau-a-pique), do Sr. Shimpei Saito, restaurante e salão de barbeiro (madeira) do Sr. Risuke Matsuda, a mercearia (madeira), do Sr. Hanaoha, bar e confeitaria (pau-a-pique) do Sr. Horie. (Jitsunobo Igi)

A região dispunha de grandes atrativos naturais, proporcionados sobretudo pelo Rio Tietê. A cidade fica aproximadamente a 50 km da foz do rio. Até a década de 1960, quando a usina hidrelétrica de Jupiá foi construída, havia três saltos d'água e várias ilhas. Era um dos principais pontos turísticos da região.

Estima-se que nos dez primeiros anos tenham mudado para a então Vila de Novo Oriente cerca de 1.200 famílias de imigrantes. A maioria delas, como dissemos, era procedente do Japão. Observa-se, no entanto, a presença de famílias japonesas oriundas de outras áreas de imigração do Estado de São Paulo. No entanto, o número de famílias não atingiu os números esperados pela Bratac.

No primeiro ano do empreendimento, por exemplo, previa-se a entrada de 400 famílias, mas apenas a metade efetivamente imigrou para a vila.

Até 1937, verificou-se um crescimento contínuo de famílias imigrantes, quando se registra o primeiro ano de crescimento negativo (Igi, 1978, p.78). Daí em diante, principalmente após a Segunda Guerra Mundial, a saída de imigrantes tornou-se cada vez maior.

Observou-se também a presença de brasileiros e de imigrantes de outras nacionalidades. No caso de brasileiros, existiam dois segmentos: os peões (trabalhadores braçais, muitas vezes empregados de famílias japonesas) e os funcionários públicos (profissionais liberais e comerciantes). No comércio, começam, aos poucos, a aparecer imigrantes de outras nacionalidades: sírio-libaneses e alemães (como o pai de Léo Liedtke que abriria uma padaria).

Assim, para que se possa visualizar a composição social da região de Pereira Barreto no início de sua ocupação, a presença dos principais grupos sociais é fundamental como subsídio para se compreender como se estruturaram as relações e as posições sociais na cidade.

Há dois grupos de migrantes que exerceram um importante papel na região: os mineiros e os nordestinos, principalmente baianos e pernambucanos.

Os mineiros foram, efetivamente, os pioneiros na região. O início do movimento migratório data de meados de século XIX e teriam sido dois os principais motivos que trouxeram os mineiros para uma vasta área do nordeste e norte do Estado de São Paulo, áreas correspondentes à atual região que se estende de Ribeirão Preto a São José do Rio Preto.[10] O primeiro diz respeito à decadência econômica das regiões de extrativismo mineral de Minas Gerais; em segundo lugar, deveu-se à Guerra do Paraguai, pois muitos mineiros teriam preferido se aventurarem pelos sertões paulistas a se alistarem (Monbeig, 1984, p.133).

---

10 Segundo informações obtidas em conversa informal com o presidente da Câmara dos Vereadores de Pereira Barreto, e confirmadas com o depoimento de Osório Barbosa, os primeiros brasileiros que compram terras em Pereira Barreto são originários de Minas Gerais, mais precisamente da região do Triângulo Mineiro.

Os mineiros foram os primeiros a se fixarem em torno de um modo de vida bastante modesto: plantio de milho, criação de porcos. Iniciaram o processo civilizatório, lançando as bases para a expansão da franja pioneira sobre a região. E, mesmo com a diminuição do fluxo migratório, continuaram a desempenhar um importante papel social e econômico na região.

> Os mineiros jamais desapareceram completamente ... deixaram descendência ... constituíram famílias tradicionais da zona pioneira. Enfim, os mineiros detinham os títulos de posse do solo. Para tornar-se alguém proprietário, era preciso tratar ou lutar com eles. (Monbeig, 1984, p.137)

Como será possível observar, também em Pereira Barreto, os mineiros se destacaram como os primeiros pecuaristas brasileiros da cidade. Nessa condição, passaram a ter maior presença no atual município de Pereira Barreto, a partir da comercialização da venda. Em alguns casos, os mineiros se beneficiaram da venda de terras por parte dos imigrantes japoneses.

Já a presença dos nordestinos deu-se em outro contexto. Sua chegada ocorreu em um momento em que a franja pioneira já havia alcançado a região. Portanto, viram-se, em sua maioria, excluídos da propriedade da terra, restando-lhes substituir a mão-de-obra imigrante na construção das ferrovias e nas lavouras. Além disso, o migrante nordestino desempenhou o papel do mateiro, agente fundamental na transformação de vastas áreas de florestas em loteamentos ou área de pastagens.

Muitas vezes, esses migrantes chegaram à condição de pequenos arrendatários os quais seriam expulsos no momento mais conveniente para o proprietário, isto é, no momento em que as áreas por eles ocupadas atingissem o valor monetário desejado para sua comercialização (ibidem, p.152). Esses migrantes seriam, possivelmente, os pais ou avós do contingente de sem-terra que se formaria a partir da década de 1960. Os sem-terra serão protagonistas de lutas pela terra na região na década de 1960 e, principalmente, nos anos 80.[11]

---

11 O estudo dos sem-terra e a luta de terra na região fizeram parte de minha dissertação de mestrado (cf. Ennes, 1993).

A incorporação da mão-de-obra nordestina no Estado de São Paulo ocorreu em larga escala nos anos 30 e deu-se de modo contraditório. De um lado, onerava o Estado por demandar serviços públicos, como hospitais; além disso, significava maior oferta de mão-de-obra contribuindo para o achatamento salarial dos trabalhadores paulistas:

> ...conseqüentemente, não eram elementos desejáveis. O grande número de baianos, que abarrotavam os hospitais de São Paulo e das cidades do interior, constituía muito mais um peso para os orçamentos municipais que uma solução para os problemas de mão-de-obra. A propósito, é de lembrar igualmente a concorrência que os baianos, ao aceitarem baixos salários, podiam fazer aos trabalhadores paulistas. (Ibidem, p.151-2)

De outro lado, pode-se dizer que, a médio e longo prazo, foram fundamentais para a economia paulista uma vez que a mão-de-obra estrangeira começava a escassear.

> Mas foi providencial para os plantadores a chegada em massa desses braços, pois sucedeu no momento em que começavam os estrangeiros a fazer-se raros e a procurarem mais a cidade que o campo. Tomaram os baianos o lugar da mão-de-obra estrangeira, como trabalhadores assalariados, nas zonas pioneiras. (Ibidem)

Em síntese, a mão-de-obra nordestina ocupará, a partir de sua chegada no Estado de São Paulo, um papel fundamental para os "plantadores": a) serão desbravadores, fazendo das áreas de florestas áreas de grande interesse econômico e comercial; b) rebaixarão os salários dos trabalhadores e c) ao mesmo tempo compensarão a diminuição da mão-de-obra imigrante.

Essas informações permitem perceber que a inserção dos nipo-brasileiros na estrutura das relações sociais de Pereira Barreto está intimamente associada ao desenvolvimento de atividades econômicas, atividades regidas pelas disposições culturais dos japoneses estruturadas em níveis de relações diversas.

Assim, na década de 1930, criou-se a infra-estrutura necessária e, a cada ano, novas famílias de imigrantes japoneses chegariam e ali se instalariam. Novo Oriente desenvolveu-se levando à região os primeiros sopros da civilização: de escolas a hospitais; da prática de esportes às cooperativas e associações; da luz elétrica ao telefone. Seu desenvolvimento era, ao mesmo tempo, o desenvolvimento da própria região.

A colônia foi idealizada para produzir café. Ocorre que sua criação coincide com a crise dessa cultura, obrigando a Bratac e os colonos a redefinirem seus planos. Ao mesmo tempo em que se mantinha uma parcela das terras com o plantio de café, outras culturas foram sendo implantadas. Entre outras, duas novas culturas merecem destaque: a do algodão e do bicho da seda:

> Já estava em crise. Isso é o que o diziam "puxa! no meu contrato das terras eu era obrigado a plantar um quarto, vinte cinco por cento da terra em café". Mas ele ficou assustado quando o trem passou em Bauru, estava queimando café ao longo da estrada. Por quê? Já era a crise. (Paulo Ono)

Com a restrição do plantio de café, a empresa colonizadora acionou novos mecanismos que visavam viabilizar economicamente a colônia: 1. por meio de uma campanha publicitária, buscou atrair imigrantes japoneses de outros municípios paulistas; 2. diversificou a produção agrícola da qual se destacaram a produção do algodão[12] e a de fio de seda como as atividades econômicas mais rentáveis (a preponderância desses produtos, no entanto, não impediu o cultivo de outros); e 3. diversificou o tamanho dos lotes, cujo tamanho inicial era de 10 alqueires.

Tudo indica que a produção sempre esteve sob o controle da Bratac e da cooperativa dos agricultores japoneses. Mas o beneficiamento do algodão contou, por meio de contrato de arrendamento, com a participação de empresas de outras nacionalidades como a Anderson Clayton.

---

12 A crise cafeeira teria espalhado a "febre do algodão" gradativamente pelas regiões sorocabana, araraquarense, paulista, douradense, noroeste e mogiana. Em 1936, os japoneses eram responsáveis pela metade da produção de café do Estado. A importância da participação dos japoneses na produção de algodão pode ser medida pelo fato de o consulado japonês ter presidido o encontro dos produtores e vendedores de algodão daquele ano.

Os imigrantes japoneses dedicaram-se inicialmente à atividade agrícola. Mas, aos poucos, algumas famílias construíam uma casa na cidade e alugavam para terceiros. De fato, os imigrantes de origem rural não eram a maioria. Segundo relatos de informantes, muitas famílias tinham outra origem ocupacional; desse modo, assim que podiam, mudavam para a cidade e dedicavam-se a alguma atividade produtiva urbana. Esse é o caso do pai de Arnaldo Enomoto, Takeo Nakamura, que passou a desenvolver atividades comerciais – posto de gasolina e compra e venda de terras – bem como da família Miura – que adotou Dona Maria Antonia –, proprietária de um hotel na cidade. Vejamos o depoimento de Arnaldo Enomoto:

> De lá, eles vieram pra cá e trabalharam como arrendatários de lavouras. Como tinha a colonizadora ... eu não sei bem como é que foi, se eles ganharam ou se compraram terras. Começaram na agricultura, no cultivo do algodão e aí meu avô começou entrar na parte comercial. Aí depois de algum tempo ele começou a comprar o algodão.
> Comprava e vendia. Ele, vamos dizer, estava atuando mais ou menos como intermediário. Aí o que acontece, chegou uma época que, quando já estava indo mais ou menos, prosperando mais ou menos, ele teve uma quebra muito grande de preço.
> Depois de Inhuma, vieram aqui pra seção Barro Preto. É seção que chamava, seção Barro Preto, é onde tem a fazenda aqui, até hoje, nós temos a fazenda aí. Então depois dessa recuperação que quebraram, um pouco, que plantaram as terras, meu pai veio pra cidade, pra abrir um comércio.

Morar no campo e desenvolver atividades agrícolas parece ter sido o meio de ganhar dinheiro. Tão logo acumulavam capital suficiente, mudavam-se para a cidade e, ao mesmo tempo, mantinham suas atividades produtivas agrícolas:

> Mas alguém que sucedeu bem na lavoura comprava lote e construía casa para melhor renda. Alugava casa e com isso rendia dinheiro. A maioria que fazia isso, comprava outra casa feita e vinha para cá. A maioria até o começo da guerra, eu estava no sítio. (Jitsunobo Igi)

A partir desses fragmentos de depoimentos, percebe-se que o que estava em questão era a capitalização: agricultura, aluguel de casas, atividades comerciais, compra e venda de terras. Na verdade, isso estava associado não apenas às suas disposições culturais, mas ao próprio propósito de enriquecer e retornar para o Japão.

É importante notar, no entanto, que a passagem para a condição de pequeno comerciante[13] segue uma tendência entre os imigrantes japoneses de atuar em atividades complementares ou próximas às atividades agrícolas.

A vida econômica da cidade de Pereira Barreto sempre esteve voltada para a agropecuária. As dificuldades vivenciadas pelos imigrantes e seus descendentes fizeram que uma parte considerável deles mudasse para outras cidades em busca de melhores oportunidades. Com a entrada de brasileiros (excluindo-se os migrantes nordestinos) ou imigrantes de outras nacionalidades, a tendência observada foi a do crescimento da população urbana e da atividade comercial. Mas isso não alterou significativamente o perfil socioeconômico do município.

Os pequenos lotes, originalmente adquiridos pelos imigrantes, eram vendidos, conforme estes se mudavam para outras cidades, e comprados por mineiros e por outros japoneses, dando origem a grandes fazendas, em sua maioria voltadas à pecuária. Desse modo, a atividade econômica continuou a ser eminentemente agropecuária, o que dá origem a grandes pecuaristas (classe socialmente mais prestigiada) tanto entre japoneses quanto entre brasileiros.

Algumas famílias de imigrantes japoneses, logo que acabou a guerra, buscaram encontrar no comércio uma atividade menos dura (do ponto de vista físico do trabalho) e mais recompensadora economicamente. Observou-se, assim, uma tendência de urbanização e prática de atividades comerciais:

> Meu avô ficou lá e meu pai começou com o comércio de posto de gasolina, comércio, importação de peças e tratores. Isso devia ser ... 1950 mais ou menos. Ele era tão comerciante, tão dinâmico, que ele foi no Japão, quer ver? Você vê, ele passou uma fase difícil aqui no Brasil, que ele não tinha estudo, não tinha estudo, ele tinha o primário, mas falava e lia fluentemente japonês e português... (Arnaldo Enomoto)

---

13 A respeito do processo de mobilidade social entre os imigrantes de origem japonesa, cf. Cardoso (1972).

Mas poucos nipo-brasileiros teriam a mesma sorte e o mesmo sucesso no comércio e aos poucos passariam a ser substituídos, mais uma vez, por comerciantes de outras origens étnicas. Um dos casos mais ilustrativos é o do cinema da cidade que até o final da década de 1950, quando passou a pertencer à família Souza, era de propriedade de um issei. Também há os casos das tecelagens de seda da cidade que declinam com a queda do preço do produto de mercado e com os custos das obrigações trabalhistas.

O final dos anos 50 e início dos 60 parece ser decisivo para a colônia na cidade. Na verdade, não era apenas a colônia que sofria com problemas econômicos, o município como um todo passava por dificuldades. Em meados da década de 1950, a estação de Lussanvira foi desativada e o acesso às cidades maiores, como Araçatuba, Bauru e São Paulo, tornou-se mais precário. Nos anos 60, o município perde parte considerável de seu território com a emancipação política de Itapura. Ainda nessa década, as atividades econômicas da colônia passariam por uma profunda mudança. Em primeiro lugar, a Cooperativa Agrícola passava por uma fase de transição de diretoria. Os isseis começam a deixar seus cargos, os quais passam a ser ocupados por nisseis. Em segundo, encerra-se também, naquela década, um ciclo econômico, o da conicultura. A seguir, o relato do presidente da Cooperativa Agrícola da Fazenda Tietê:

> quando eu cheguei na cooperativa estava terminando o ciclo do algodão. Então desmontar o esquema da usina de algodão não foi fácil. E ao mesmo tempo em substituição à agricultura, veio a avicultura. Mudou a estratégia. Aí muito bem, foram se concentrando na periferia da cidade, em chácaras, granjas, pequena pecuária de leite, fruticultura. Por isso que eu digo que não foi fácil. Muito bem. Na minha mão estourou o problema, o término do ciclo do algodão. (Paulo Ono)

As tendências de urbanização da colônia abriram possibilidades para novos negócios. Foi o caso da família Wako, que nos anos 60 cria uma empresa de implementos agrícolas na cidade.

Embora estivessem numericamente em situação de desvantagem, membros da comunidade nipo-brasileira ainda buscavam, no início dos anos 70, alternativas econômicas para a cidade. É o caso de Takeo Nakamura:

ele como vereador, numa das viagens como representante do Estado de São Paulo no Japão, ele convenceu empresários japoneses a investir em Pereira Barreto. Eram projetos bastante ousados, muito ousados para a época, para 74. Ele estava já concretizando isso, queria fazer uma agropecuária, queria produzir a carne, industrializar e exportar associada a uma empresa japonesa que já tinha fazendas produtoras na Austrália. Quer dizer, são grupos fortíssimos aqui, ele vendeu essa idéia e começou e, quando estava começando, ele morreu, entendeu? (Arnaldo Enomoto)

Os fatos de maior impacto na região no final dos anos 60 e começo dos 70 foram as construções das usinas hidrelétricas de Jupiá e Ilha Solteira.[14] A primeira está localizada entre os municípios de Castilho (Estado de São Paulo) e Três Lagoas (Mato Grosso do Sul); a segunda, entre o então município de Pereira Barreto e o de Selvíria (Mato Grosso do Sul), a 45 km de distância da cidade.

Com a construção da usina hidrelétrica e da cidade de Ilha Solteira, Pereira Barreto sofreu o inchaço de sua periferia. Isso ocorreu já que Ilha Solteira até 1973 era um espaço muito controlado. As entradas da cidade eram guardadas por guaritas. Não era permitido entrar e, muito menos, permanecer na cidade se não estivesse direta ou indiretamente envolvido com a construção da usina. Assim, desempregados e prostitutas dirigiam-se para Pereira Barreto e instalavam-se em sua periferia, constituindo, assim, zonas de meretrícios e favelas.

Por outro lado, o município foi, em contrapartida, beneficiado em alguns aspectos. A Cesp realizou benfeitorias na cidade e o governo estadual abriu e asfaltou estradas como a de Pereira Barreto a Ilha Solteira e a de Pereira Barreto a São José do Rio Preto, que facilitavam o acesso à cidade e o escoamento da produção local.

A partir do final dos anos 70, a cidade seria marcada, do ponto de vista econômico, pela construção de outra usina hidrelétrica, a de Três Irmãos.[15] O anúncio da construção dessa usina no Rio Tietê, a cerca de 30 km da cidade, provocou sérios problemas econômicos

---

14 Concluída em 1978, potência instalada de 3.230 MW e reservatório de 1.195 km^2. É a maior usina da Cesp e compõe, com a UHE Jupiá, o sexto maior complexo hidrelétrico do mundo. Obras iniciadas em 1965.
15 Inaugurada a terceira máquina em 1996. Potência instalada de 807,5 MW. Localiza-se nos municípios paulistas de Pereira Barreto e Andradina. Caracteri-

na cidade, em grande parte associados à inundação de uma grande área, em parte cultivada por agricultores nipo-brasileiros. A seguir, por meio do relato do presidente da Cooperativa Agrícola, algumas das dificuldades enfrentadas pelos agricultores e pelo município em geral:

> Veio o raio do evento inundatório, inundou toda a periferia da cidade. E essa inundação foi violenta. Sabe por quê? Se viesse assim "vamos inundar e tal". Mas não, foi protelando. O cronograma foi sendo prorrogado por falta de dinheiro do Estado. Então tomei como minha missão levar, salvar esses pequenos proprietários. Com a Cesp, através dos órgãos de influência política, nós conseguimos realocar as 72 granjas para o Complexo hortifrutigranjeiro... (Paulo Ono)

Como se vê, a postergação da inundação gerou a desvalorização e o abandono das propriedades e das atividades praticadas nas áreas inundáveis. Os prejuízos econômicos e materiais tornavam-se cada vez maiores.

As conseqüências da inundação afetaram a cidade de modo geral. Mais especificamente para os nipo-brasileiros, a inundação representou o segundo momento de ruptura vivenciado pela colônia, depois da Segunda Guerra Mundial:

> com a inundação a colônia saiu prejudicada, porque aquelas áreas perto dos córregos onde se plantava muita verdura, tinham as granjas ... Pereira Barreto foi muito sacrificada e lhe pergunto o que Pereira Barreto recebeu em troca? Nada! absolutamente nada, só esquecimento e abandono... (Léo Liedtke)

A situação econômica atual da cidade é representada como de decadência.

Outras dificuldades econômicas surgiriam com a emancipação do município de Ilha Solteira e pela transferência dos *royalties* e do

---

za-se como aproveitamento múltiplo e possui duas eclusas e o Canal Pereira Barreto, que permitem interligação entre os rios Tietê e Paraná. O Canal Pereira Barreto opera desde fevereiro de 1991, com 9,6 km de extensão, e concretiza o tramo norte da Hidrovia Tietê-Paraná. Interligados os dois rios, é possível navegar até o Porto de São Simão, em Goiás.

ICMS relativos à Usina Hidrelétrica para o novo município. A inundação provocou, ainda, problemas na infra-estrutura da cidade, como alteração do lençol freático, comprometimento da estrutura de prédios e residências, problemas de abastecimento de água potável e de esgoto. A Cesp, em contrapartida, buscou sanar alguns desses problemas, construindo um poço artesiano e fazendo melhorias na rede de esgoto. As medidas, no entanto, não seriam suficientes para compensar as perdas e os prejuízos gerados pela inundação. No entanto, são as dificuldades econômicas que melhor indicam a situação da cidade. Podem-se identificar duas dimensões desses problemas: a primeira refere-se à ausência de novas atividades e pelos problemas ligados à realocação dos agricultores e granjeiros para as novas instalações; a segunda refere-se à existência de um padrão de comportamento dos comerciantes e dos profissionais liberais marcados pelo conservadorismo e pela falta de novas iniciativas.

Sobre o futuro da cidade, alguns dos depoentes indicam algumas saídas que poderiam redimi-la economicamente. Uma delas refere-se aos dekasseguis. Embora não se tenham informações sobre a quantidade de nipo-brasileiros pereirabarretenses no Japão, sabe-se que o dinheiro remetido para a cidade tem provocado algumas pequenas mudanças econômicas, como a abertura de pequenos negócios: videolocadoras, assistência técnica de eletroeletrônicos, produção agropecuária, além de estar financiando a compra de imóveis e automóveis na cidade.

Para Maria Antonia, o dinheiro dos dekasseguis pode também provocar um ressurgimento da colônia na cidade:

> Vai haver um ressurgimento dessa colônia ainda por causa disso, porque eles vão lá e ganham. Estão fazendo o "campo" deles, porque por si não vem. Antes era lavoura e a lavoura não vai indo para frente. Então eles aplicam em outras coisas. Muitos aqui já estão com locadoras de vídeos e outros negócios. Têm aplicado em empresa, em fábrica, microempresa, já estão fazendo isso. Tem um menino que não tinha nada, foi para lá e hoje já está mandando, já está despachando ovo de codorna, é um negócio pequeno, mas já está mandando até para o Rio de Janeiro. Ele ainda está no Japão, mas está mandando e investindo e no final ele deve voltar para Pereira para tomar conta do que é dele. Então quer dizer já está investindo.

Em termos de vocação econômica do município, o turismo tem-se destacado como uma das alternativas mais palpáveis. Para isso, contribuem fatores de dois níveis: o nacional – com a estabilização econômica há um crescimento da indústria do turismo; o regional – existe uma tentativa de desenvolvimento do turismo rural organizado pelo Consórcio de Turismo do Noroeste Paulista (Contunor):

> Então o que eu estou vendo é vocação turística aqui, porque é uma coisa que está entrando dinheiro. Todo dia vem cliente meu aqui, vem pescar. Aí vem traz o carro pra revisão, os caras estão deixando dinheiro aqui na cidade e, sem estrutura nenhuma. Se tiver alguma coisa pra dar pra família aqui, quem trouxe a mulher e os filhos que vêm aí, vêm todo final de semana de São Paulo aqui. Pra eles, não estão nem aí, vão pescar lá, pega avião a jato, vem pra cá, vai pra Cuiabá, vai pra sei lá onde, roda não sei quantos quilômetros de terra, não sei o que, pra pescar. Para cá vêm de ônibus leito, de manhã aqui pescam, vão embora. Tem que embelezar um pouco a cidade, teria que ter tudo esse negócio, teria que ter tudo isso aí. Quer dizer, então na cidade se não tiver administração, alguma coisa aí pra melhorar não vai mesmo. E mesmo assim vai, mesmo assim essa economia informal está rodando. (Arnaldo Enomoto)

No entanto, a "vocação para o turismo" esbarra na falta de infra-estrutura: a cidade está desprovida de hotéis, restaurantes e outros equipamentos e serviços voltados à atividade:

> Porque não tem infra-estrutura, entendeu, sem infra-estrutura os caras vêm pra cá, parente de São Paulo, que vem, os executivos de São Paulo alugam um leito sexta-feira à noite lá, chega aqui no sábado de manhã, já do jeito que chega já vai pescar, e pesca e fica aí nas casas aí, e pesca no sábado, no domingo de manhã pesca e vai embora. Para que ocorra, tem que melhorar um pouco a infra-estrutura, é, vamos dizer, embelezar a cidade, fazer essas coisas aí que têm a ver com o poder público, pra fazer isso aí, por exemplo, aí pode ter algum empresário da cidade pode investir, pode fazer um hotel, fazer um flat na cidade. Eu cheguei a pensar em fazer um flat na cidade e vender pra este pessoal já que eles querem comprar, compra um flat e aluga para os pescador, entendeu? E é uma coisa na cidade aí pra melhorar, em termos de infra-estrutura hoteleira na cidade. Isso é uma falta, na minha opinião, é a coisa mais emergente economicamente na cidade, os caras vêm mesmo embora, vêm e pesca, só não vêm mais porque não têm onde ficar. (Arnaldo Enomoto)

A fala de Arnaldo Enomoto vislumbra uma saída econômica para a cidade: o turismo. No entanto, seu sucesso dependerá, entre outros fatores, da aquisição, por parte de seus habitantes, de disposições adequadas a essa atividade.

TRAJETÓRIA POLÍTICA DOS NIPO-BRASILEIROS EM PEREIRA BARRETO

A par das transformações e mudanças econômicas já analisadas anteriormente, a cidade vivenciou um conjunto de transformações políticas caracterizadas, de um modo geral, pela mudança da correlação de forças entre nipo-brasileiros e não-nipo-brasileiros.

A história política e administrativa da cidade pode ser dividida em dois momentos. O primeiro vai da fundação até a criação do município – fase em que a colônia exercia hegemonia política, quando se inicia o segundo período, marcado pelo predomínio político dos brasileiros, que se estende até as eleições municipais de 1996.

Na primeira fase, embora a administração estivesse sob a jurisdição do município de Monte Aprazível, Vila Novo Oriente era localmente administrada pela Bratac, pelo menos no que diz respeito às famílias de imigrantes japoneses. Nesse particular, a administração do empreendimento parece confundir-se com a da própria colônia.

Não há registros detalhados sobre como o poder institucional em suas várias instâncias poderia ter interferido na vida política e administrativa da colônia. Talvez a investigação sobre essa dimensão da história da cidade possa fazer parte de um novo trabalho de pesquisa.

Sabe-se, no entanto, que o ano de 1938 foi fundamental para o destino de Novo Oriente, basicamente por três razões: 1. pelo segundo ano consecutivo (1937-1938) houve um decréscimo populacional (Igi, 1978, p.78 e 83); 2. a partir do dia 30 de novembro, Novo Oriente passaria a ser chamada de Pereira Barreto em homenagem ao Dr. Luiz Pereira Barreto, então renomado cientista e médico;[16] e 3. na mesma ocasião seria elevado de distrito a município pelo Decreto nº 9.775.

---

16 Luiz Pereira Barreto nasceu em Rezende em 1840 e faleceu em 1923. Cientista

A partir de então, a cidade passaria por um processo de "abrasileiramento" na medida em que os postos nos órgãos públicos passavam a ser ocupados por autoridades brasileiras, fato que durante o período da Segunda Guerra Mundial refletiria profundamente na vida da cidade e da comunidade nipo-brasileira.

Ao lado das atividades administrativas desempenhadas pela Bratac, estruturou-se um conjunto de organizações de caráter associativista e cooperativista. Na verdade, assistimos à confirmação de uma prática observada em todas as áreas de colonização japonesa, prática essa assentada nas disposições culturais e nos objetivos dos imigrantes japoneses no Brasil.

É nesse contexto que se deve entender o surgimento da Cooperativa Agrícola da Fazenda Tietê, que passa a desempenhar um papel fundamental dentro da colônia. Essa entidade passa a se ocupar de um leque de funções que vai da definição das culturas a serem praticadas pelos cooperados até o beneficiamento e comercialização da produção, passando pelo desenvolvimento de atividades culturais e de qualificação de jovens agricultores, por meio de seminários e intercâmbio com outras cooperativas e produtores:

> Reuniram-se, juntamente com os membros da Sociedade Colonizadora, os proprietários agrícolas, para discutir, estudar e planejar novas lavouras para essa fazenda, em virtude do impedimento de novo plantio de café (março de 1931) neste Estado. Nessa reunião, surgiu a idéia da plantação da cana-de-açúcar e da criação do bicho da seda em lugar do café. (Jitsunobo Igi)

Os imigrantes criaram, a exemplo das demais colônias japonesas no Brasil, uma cooperativa de consumo de materiais escolares, uma cooperativa de pecuaristas, de consumo e muitas associações: associações de moços, de moças e de esportistas, entre outras.

A interferência do poder institucional se fez sentir no campo educacional. Como é sabido, a educação ocupou um lugar privilegiado na escala de prioridades das famílias de imigrantes japone-

---

e médico. Entre outras de suas obras cita-se: *As três filosofias*; *Positivismo e teologia e soluções positivas para a política brasileira*. Para uma análise de suas contribuições científicas, cf. Barros, 1955.

ses, seja para transmissão e preservação da língua japonesa das tradições culturais, tendo em vista o retorno ao Japão, seja para aprender a língua portuguesa. Na Vila de Novo Oriente, futuro município de Pereira Barreto, não foi diferente. Desde o planejamento da colônia já havia o espaço para a instalação de escolas. O relato de Léo Liedtke é bastante elucidativo:

> Aliás, a gente tem que dizer que o japonês se preocupa muito com a educação. Então, quando a gente chegou em Pereira Barreto, que se chamava Novo Oriente, o que nós já vimos lá construído: o hospital, o grupo escolar... e administração que era a administração da colônia, então eles primavam muito pela educação.

Tal como ocorreu na maioria das áreas de colonização japonesa, em Novo Oriente foram criadas escolas que ensinavam em língua japonesa.

A preocupação em torno da educação pode ser expressa, entre outros modos, pelo número de escolas criadas nos primeiros anos da colônia. Em 1934,[17] a Vila já contava com seis escolas, 400 alunos em vários dos distritos da fazenda. É interessante notar que as escolas atendiam, em grande parte, os filhos de imigrantes. Fato que ajuda a visualizar melhor dois aspectos da presença japonesa na cidade em sua origem: a predominância de japoneses e a prioridade dada por eles à educação:

> Formandos da 2ª turma do grupo escolar de Novo Oriente: Ermirio A. S. Junior, Joaquim Henmi, Joaquim Yamamoto, Joel Ishida, Katsunafa Anzai, Lenin Shiba, Mitsugui Igi, Oswaldo Santini, Pedro Yoshihara, Toshiraro Konno, Kaoko Kimoto, Tanie Hanaoka , Tsuneko Nakashima. (Igi, 1978, p.84)

No entanto, em março do mesmo ano, a escola central foi fechada por ordem do inspetor da Delegacia de Ensino de Araçatuba, Cyro Maia.[18] A escola reabriu alguns dias depois com um novo

---

17 Em 1936 existiam sete escolas, nas quais estudavam 689 alunos.
18 Depois de mudar para Pereira Barreto, Cyro Maia elegeu-se, nas décadas de 1950 e 1960, prefeito por duas vezes do município.

diretor, agora brasileiro. Outras escolas também foram fechadas e reabertas quando professores e diretores brasileiros substituíram seus colegas japoneses. A intervenção e o fechamento de escolas dirigidas por japoneses não eram as únicas formas de restrição às escolas japonesas. Elas também sofreram com a falta de recursos e, principalmente, com a falta de subsídios oficiais para a sua manutenção.

A ausência de escolas de graus superiores parece ter sido um dos primeiros e mais importantes fatores que fizeram que os imigrantes, ou pelo menos seus filhos, deixassem a cidade. As famílias mais abastadas, fossem elas brasileiras ou japonesas, mandavam seus filhos para cidades maiores para completarem seus estudos. Isso aconteceu com Léo nos anos 40, com Maria Antonia nos anos 60 e com Arnaldo Enomoto nos anos 70. Trata-se de uma prática muito comum nas cidades do interior.

Mas a preocupação com a educação não se restringia à escola. A Cooperativa Agrícola promovia com freqüência cursos, encontros e seminários que reuniam jovens agricultores da cidade e de outras colônias.

Se a década de 1930 na Vila de Novo Oriente foi marcada pela hegemonia japonesa em todos os campos, a de 1940 marcou a reviravolta dessa situação. Na verdade, esse processo iniciou-se ainda no final dos anos 30 e foi detonado por vários fatores: de ordem local, como a elevação à condição de município; de ordem nacional, como a instauração do Estado Novo; e de ordem mundial, como os fatos que antecederam a Segunda Guerra Mundial (em particular a escalada militarista do Japão) e o próprio conflito que romperia as relações diplomáticas entre o Brasil e o Japão.

A derrota do Japão provocou a fase mais dramática da trajetória dos imigrantes japoneses e seus descendentes no Brasil, marcada pela ruptura interna da colônia entre realistas e vitoristas e pela formação, por esses últimos, do Shindo-Remmei. Em Pereira Barreto, observou-se também o grande esvaziamento de famílias nipo-brasileiras. A redução drástica do número de famílias japonesas foi motivada por uma mudança de planos quanto ao futuro dessas famílias e, em especial, de seus filhos.

É bastante significativo que o livro de Jitsunobo Igi, escrito no final da década de 1970, acabe em 1938 (ano da transformação do distrito de Novo Oriente em município de Pereira Barreto) e traga algumas informações dispersas sobre a cidade nos anos 60. A ausência de documentos escritos sobre a época da guerra parece ser indicativa do trauma vivido pela colônia durante o período, tanto em função das perseguições, quanto da atuação do Shindo-Remmei. A Segunda Guerra Mundial motivou a exacerbação nacionalista, tornando as diferenças étnicas e culturais mais explícitas. Falar em japonês, ler em japonês, possuir fotografias (com uniforme de exército ou que comprovava que tinha sido funcionário do governo japonês), rádio em casa, cartas, enfim, tudo o que ligava ou o que mantinha a família japonesa em Pereira Barreto ligada ao Japão era alvo de suspeita. Essa situação é descrita por vários relatos de nossos informantes:

> Na Grande Guerra, o japonês foi perseguido muito. Porque povo, eles falavam países do Eixo, Alemanha, Itália, Japão, né? Então, eles achavam que o japonês era "quinta-coluna". Então, foi muito perseguido sabe. Não podia falar nem na rua; não podia falar nem no estabelecimento, falava que aqui lugar público não podia falar japonês, italiano, nem alemão. Então aconteceu meu colega, amigo meu foi para na cadeia por causa disso. Ele trabalhava no comércio, meu amigo, foi pego trabalhando no comércio então, ele tava conversando com a patroa, com mulher do dono da loja em japonês, né. De repente, entrou um delegado e falou: "Ô japonês, cadê o seu documento?" – "O documento tá guardado". – "Então vai buscar". Ele trouxe o documento e mostrou para o delegado. Delegado olhava assim, pegava... (mostrando) – "Você procura lá na delegacia". E ele fechou e ficou uma noite fechado na delegacia, porque tava falando em japonês, com a patroa dele... (Jitsunobo Igi)

A situação de cerceamento e de restrição das liberdades impedia qualquer tipo de reação, de resistência explícita, pública:

> Mas não tinha outro jeito. Obedeceu. Não tinha outro jeito. Não podia fazer nada, nem greve nem nada. Tinha que obedecer, porque senão... Agora, aqueles que serviram o governo no Japão, geralmente, eles traz fotografia, né. Então, aqueles (brasileiros) que trabalhavam para ele, para o japonês, eles trazia a lista falando quem foi soldado no Japão. Então dava parte ... dava parte na delegacia, porque fulano foi soldado no Japão. Então, já prendia e, esse que fica preso porque era "quinta-coluna", espião. (Jitsunobo Igi)

Mas o silêncio não significa resignação. Os imigrantes criaram mecanismos de divulgação de informações que passavam pela fabricação de rádios e de escuta clandestina, confecção e distribuição secreta de panfletos e, ainda, o "boca a boca": "Bom, tinha através de rádio, né. Eles faziam uma espécie de subterrâneo de rádio. Então tinha gente que escutava a notícia, né" (Jitsunobo Igi).

A perseguição dos imigrantes japoneses pelas autoridades aparece, igualmente, como injusta para alguns moradores de origem não japonesa da cidade. É o caso de Léo Liedtke.

> Ah! eles ficaram desgostosos lá, né. De tanto que lutaram, lutaram e foram pisoteados ali, ficaram muito sentidos. Olha, ficaram muito magoados e depois o sujeito sem fazer nada, só porque era descendente de japonês já apanhava, punha na cadeia. Eu era menino, eu ficava horrorizado com aquelas coronhadas, empurrando os japoneses, eles tinha que ficar de pé, porque não cabia sentado.

Pelo relato de Léo Liedtke é possível visualizar a dramaticidade a que chegou a situação dos imigrantes japoneses em Pereira Barreto durante a guerra.

> Ah! os japoneses, coitadinhos ... que era da quinta-coluna não sei que lá: "Japonês é contra o Brasil, leva para a cadeia, judiava...". Teve uma vez, uma família lá, que ficaram com tanto medo da invasão da polícia, lá num bairro do município, não sei se te contaram, não sei se foram sete ou oito pessoas, o pai envenenou toda a família e no final ele tomou também, e no final morreram todos. Ficou sabendo disso?

Na verdade, é preciso considerar que o pai de Léo Liedtke era alemão, e, como tal, sofreu ameaça de prisão sob a mesma acusação de traição.

> Não, não, eles queriam prender meu pai. Eles diziam que era da quinta-coluna, que tinha um rádio denunciado por um homem lá. Tinha um rádio que tinha sido construído por este vereador Cozo Taguchi, ele montava o rádio e nem caixa tinha ... Tinha um cordão indo e voltando, que nem carretel, né? Então denunciaram que meu pai era quinta-coluna, foi polícia querendo prender meu pai... Aí chegou o amigo nosso que era soldado: "Ô Dona Inês, cadê seu Léo?" – "Ô seu Batalha (porque se chamava Batalha, este soldado né), veio

um soldado ontem perguntar por ele, mas eu disse que tinha saído, mas ele estava dormindo, eu não vi, eu esqueci." "Sorte Dona Inês porque eles queriam prender o seu Léo!" "Mas por quê?" "Porque ele foi chamado de quinta-coluna."

Deve-se notar, no entanto, que fica explícito o bom relacionamento que seu pai e a família como um todo tinham com a comunidade: foi um soldado que fora de serviço alertou a família do perigo que corria o pai. Situação semelhante foi vivida por Maria Antonia:

> na época que estava com eles, ela tinha aquele monte de fotografia, um monte de coisa japonesa, nós fazíamos buraco, cavava buraco e enterrava dentro, debaixo da terra, tudo. Eu sabia ... e eu é que ia junto com ela, nós escondia pois tinha muita coisa que a gente enterrava, coisas do Japão, coisas assim, com medo; não sei se tinha vistoria naquela época, não sei como é que era a história e então escondia muita coisa japonesa e eu estava sempre junto com ela, para mim ela falava: "Você tem cabeça boa e então a gente vai guardar tudo...", ela dizia: "mais depois lembra, viu Nenê", enterrava. (Maria Antonia)

O final da guerra e as dificuldades vivenciadas durante o conflito contribuíram decisivamente para que grande parte da colônia deixasse Pereira Barreto e partisse para as cidades de maior porte e que lhes oferecessem maiores oportunidades. De modo geral, segundo alguns depoimentos, os que ficaram se situavam em pólos extremos no que diz respeito à situação socioeconômica. Ficaram os que não tinham acumulado recursos suficientes para reiniciar a vida em outro lugar e os que já haviam acumulado alguma riqueza (terras, comércios etc.) e que não queriam abandonar o patrimônio já adquirido (Cardoso, 1972):

> É início da guerra até terminar a guerra, a gente não podia sair, então tinha que ficar aqui. Aproximadamente 1.300 famílias moravam aqui em Pereira Barreto. E o brasileiro se tinha muito, 300 famílias, talvez até menos. Então a maior parte da população predominava japoneses. Agora japonês pensou então vamos dar diploma para os filhos. Então só tinha ginásio e não adiantava ficar em Pereira Barreto, vamos mudar para grande centro, então a grande maioria mudou para o grande centro, principalmente São Paulo e Grande São Paulo. Alguns foram para Araçatuba, outros por aqui perto,

Marília. Poucas pessoas mudaram para Bauru, mas a maioria foi para São Paulo ou Grande São Paulo. Porque quem muda para a Grande São Paulo podia mandar filho estudar nos cursos técnicos, até curso superior, né, e São Paulo era mais perto. Mudaram e sacrificaram trabalhando na horta, plantando verdura, essas coisa. Então começou trabalhar na cidade como empregado, outro não queria trabalhar como empregado, então estabelecia comércio e quitanda, outro lavanderia, essas coisa, sabe! Mas o objetivo deles era dar diploma para os filhos, porque não queria deixar filho sem dar instrução, virar caboclo, né. Esses não queriam, de jeito nenhum, então japoneses, a maior parte, mudaram. E sabe quanto tem agora, aproximadamente, 400 famílias em Pereira Barreto. Assim mesmo, logo quando mudaram, logo depois que terminou a guerra, mudaram de Pereira Barreto para fora e não chegava a 200 famílias. Essas 200 famílias, primeiro filho, segundo filho, foram desmembrando da família, constituíram família, por isso que aumentou para 400, mas no início não chegou nem a 200 famílias, que ficaram aqui. Ficaram aqui, porque não tinham recurso de mudar para fora, outro porque já tinha estabelecimento bom, já tinha adquirido. E esses compravam também, esses que foram embora. Então foi comprado, foi aumentado a gleba, foram formando fazendas, que foi toda essa gente que ficaram. Quem tava bem, muito bem, ou quem não tinha recurso para mudar para fora, porque não tinha condição de mudar. Então ficava essa pessoa e hoje conta 400 famílias, em Pereira Barreto, japonesa. Agora 400 famílias, vamos supor, 5 cada, são 2.000, né, se em Pereira Barreto se contar 25.000 habitantes dá 8%. Oito por cento só tem de japonês em Pereira Barreto. (Jitsunobo Igi)

O ano de 1945, além de marcar o fim do conflito, trouxe, como já indicado, mudanças significativas nos projetos de vida dos imigrantes japoneses no Brasil e ainda, no caso de Pereira Barreto, a instalação da comarca. Esses fatos aceleraram a diminuição do número de famílias imigrantes e aumentaram o número de brasileiros, como também representaram um novo momento nas relações entre nipo-brasileiros e brasileiros, já que a instalação da comarca criou um novo segmento social na cidade: uma classe média branca ilustrada e ligada ao poder institucional:

> Porque aí veio juízes, promotores etc. E só tinha um cartório de paz. Então veio cartório de Primeiro Ofício, de Segundo Ofício, depois veio Cartório e Registro de Nomes, né. Então começou a entrar gente, não caboclo que trabalhava de bóia-fria. Então assim entrava

também os comerciantes, né, brasileiros, algum industrial, indústria pequena né, começou a entrar. Então pode se dizer, que a partir do momento que passou a comarca, aí começou a mudar. E depois foi criado, foi iniciado a escola de segundo grau. Antes só tinha grupo escolar, daí mudou o aspecto, a filosofia do povo. (Jitsunobo Igi)

PARTE II

RELAÇÕES INTERÉTNICAS

5 O REENRAIZAMENTO

O processo de esvaziamento não se esgotaria nos anos 40, período ainda marcado pela forte presença japonesa na cidade, o que pôde ser comprovado, por exemplo, no número de anúncios publicitários de comerciantes japoneses em 1945, ano de transformação da cidade em comarca. Não obstante, essa fonte não oferece pistas sobre o número de japoneses na cidade; indica, independentemente da quantidade, que a presença japonesa já havia deixado raízes.

O desfecho da Segunda Guerra Mundial e as transformações pelas quais a cidade atravessou durante o período marcam o fim de uma fase e o início de outra. Essa mudança pode ser sentida quantitativa e qualitativamente.

Do ponto de vista quantitativo, observa-se que os censos de 1940 e 1950 indicam, em termos absolutos, praticamente o mesmo número de nipo-brasileiros, mas em termos relativos é possível visualizar o processo de "abrasileiramento". Enquanto em 1940 totalizavam 54,80% da população local, em 1950 esse número cai para 21,87%. Esses números são ainda mais significativos se considerarmos o censo de 1980. O número absoluto de japoneses é de 886, apenas 1,94% da população total. Na década de 1950, observa-se um duplo movimento: saída de japoneses e entrada de brasileiros:

> Diminuiu bastante a quantidade de japoneses, saíram para todos os lados, foram para Araçatuba, muitos em Rio Preto, em São Paulo, grande parte foi para São Paulo e muitos deles tiveram que vender suas lavouras. De lavoura venderam tudo. O fazendeiro foi entrando lá, o mineiro comprou a terra baratinha. (Léo Liedtke)[1]

O surgimento de novas escolas em Pereira Barreto, de graus e especialidades diferentes, contribuiu para a diminuição da saída de jovens em geral para cursar o nível secundário. Não impediu, no entanto, que os jovens buscassem outras cidades para cursar a faculdade.

A trajetória de Arnaldo Enomoto é, nesse sentido, típica do jovem de classe média e dos segmentos mais abastados. O que o diferencia dos jovens não nipo-brasileiros é o fato de que, como *nipo-brasileiro*, passa a ser inserido em um novo circuito de relações fundamentadas, sobretudo, em laços étnicos. Ou seja, passa a integrar um novo grupo de nipo-brasileiros: jovens nipo-brasileiros e estudantes. É interessante notar que, no caso de Arnaldo Enomoto, seus colegas de classe eram em sua totalidade não-nipo-brasileiros, exatamente o inverso de seu círculo de amigos.

---

1 O fazendeiro mineiro já era uma figura tradicional no norte e noroeste do Estado de São Paulo. A presença de fazendeiros mineiros na região é observada desde os anos 30 e cresce, à medida que as terras loteadas são revendidas.

6 APROXIMAÇÕES E DISTANCIAMENTOS

Na década de 1950, os conflitos e os confrontos eram constantes, como relata Paulo Ono:

> Eu tinha que andar na linha, né. E nós, também tem um lado, assim que marcou muito. Diziam: "Ô! seu filho de quinta-coluna". Aquilo marcou. É, às vezes tinha uma procissão na igreja e tinha duas igrejas na praça uma Ascensão Episcopal e a outra igreja. Então a procissão passava assim, jogavam berros: "Ô! A igreja do capeta!". Não entendia, não entendia por que, agora eu estou entendendo historicamente, né.

Nos anos 60 e 70, a cidade viveria ainda alguns enfrentamentos e conflitos detonados pelas diferenças étnicas. Existem relatos sobre as brigas envolvendo nipo-brasileiros e "brasileiros":

> As brigas que saíam, saíam por causa disso. Vira e mexe se embolavam com outro lá, japonês não, japonês é pau, o pau comia. E o pior é que os japoneses eram assim todo lutador de artes marciais...
> Era feio lá, tinha briga de turma, normalmente é briga de turma. Porrada não, mas era feio, saía morte, dava medo naquela época, dava medo ... dava medo de andar sozinho. Violenta mesmo, o pau fechava, morria de medo, saía briga, era feio mesmo, a briga era feia mesmo. (Arnaldo Enomoto)

Esses momentos de conflito parecem conviver com momentos de bom relacionamento. Os grupos de amigos entre as crianças e os jovens, que incluíam nipo-brasileiros e brasileiros, se formavam na cidade. Parece ser uma situação ambígua:

> A cidade era de descendente japonês, então o meu círculo de amizade foi mais de 50% de japonês, tinha poucos, vamos dizer, amigos fora da descendência de japoneses, como na cidade tinha muito japonês, então os costumes também eram muito japoneses. Então meus filhos também, os amigos deles são quase todos brasileiros, foi diferente de mim. Minha esposa, por exemplo, nunca andou com japonês ... era rixa mesmo, o povo era panela, tinha turma de japonês, vamos dizer, sempre tinha, nós tínhamos brasileiro, na nossa turma, mas era muito pouco, era muito pouco, é que aqui é diferente, a turma é mais ativa, os japoneses eram mais ativos, aqui da cidade, festas, bailes, eram muito ativos. (Arnaldo Enomoto)

Em primeiro lugar, a fala revela uma situação distinta para as duas gerações em questão: enquanto a turma do pai era quase exclusivamente de nipo-brasileiros, a do filho era de brasileiros. Isso se explica pelo fator geração e, sobretudo, pelo fato de o filho ser mestiço. O que torna a situação mais interessante é o fato de que, embora se relacionasse somente com "japoneses", não se casou com uma moça *nipo-brasileira*. Por outro lado, o grupo de que fazia parte se diferenciava por ser mais ativo, por estar envolvido com festas e bailes. É possível que esse diferencial, esse maior envolvimento com a comunidade, é que tenha aberto a brecha para que o depoente achasse sua esposa fora do universo da colônia.

A fala de outra depoente é muito significativa a respeito da trajetória de uma sansei:

> Como criança, sabe, Pereira Barreto tinha muita criança, né, e só na quadra onde eu morava, deixo eu ver... (pensando) era assim o alfaiate, o seu Aristeu e dentista lá da esquina, dentista lá da esquina tinha cinco filhos, o alfaite tinha quatro netos. Era assim, o alfaiate, seu Aristeu e o dentista da esquina, ele tem cinco filhos e o alfaiate tinha quatro e daí tinha outra casa que não eram japoneses e tinham duas crianças pequenas, então, mais quatro da minha casa. Então quer dizer era até que um grupo bem misto, não era um grupo só da colônia. (Cristina Ono)

Nesse caso, para as crianças, a proximidade física parece ter sido mais significativa do que os laços étnicos. As crianças da vizinhança formavam um grupo misto. Isso, no entanto, deve ser compreendido levando em conta, entre outros aspectos, o fato de a depoente vir de uma família que, embora fosse "japonesa", sempre manteve relações com a comunidade "brasileira". Por sua casa transitavam pessoas de todas as origens. Também pesa o fato de ela ser de uma família cristã. A idéia de que todos os seres humanos são filhos de um mesmo Pai contribuiu para tornarem mais toleráveis para seus pais as brincadeiras e os laços de amizade dos filhos com crianças não-japonesas.

Mas as coisas começariam a mudar para Cristina com o seu ingresso na escola. As responsabilidades escolares e suas disposições culturais fizeram-na estabelecer novos parâmetros de amizades. Cristina estabeleceu uma divisão básica entre a obrigação e o lazer e, para cada caso, estabeleceu um circuito diferente de amizade.

Com o passar dos anos, com as transformações pelas quais passaram a população e a cidade, as relações entre japoneses e não-japoneses parecem ter se tornado mais flexíveis. O passado é sempre representado como um tempo de profunda alteridade. Japoneses não se relacionavam com os não-japoneses. Na verdade, não se pode considerar essa representação como a única existente. Tudo indica que, se de um lado havia o preconceito de ambos os lados, havia também brechas que constituíam relações de amizade e confiabilidade. Essas relações, no entanto, são construídas sempre sobre alguma base concreta: prática de esportes, convívio escolar, adoção familiar. São, portanto, relações circunscritas que não se generalizam: "Todos vão, hoje já se misturam brasileiro com japonês. Agora, antigamente, ah! não podia uma japonesa namorar um brasileiro de jeito nenhum, tudo era contra" (Léo Liedtke).

Jitsunobo Igi relatou que para a fundação do Clube Atlético Pereirabarretense foram convidados nipo-brasileiros economicamente mais estáveis e socialmente mais capitalizados. Mesmo aceitando o convite, esses nipo-brasileiros pouco conviveriam e freqüentariam os bailes e as festas do clube, já que não saberiam dançar:

Bem, o japonês ... baile no Cap, pouco japonês sabiam dançar (risos). Então, a freqüência era mínima. Mas tinha uma pequena porcentagem de sócio. Porque o Cap quando construiu lá não tinha também recursos, né. Então angariou e convidou também japonês de sócio. Então, aqueles que falava mais bem português, a situação financeira tudo, então ... também quem podia entrar ... pagar a contribuição, mensalidade, anuidade entrava de sócio, né e entrava também lá Acep. Então era sócio dos dois lados. Então, a maioria dos japoneses não sabia dançar, pouco o japonês que freqüentava.[1]

Essa dificuldade de relacionamento tem sido, circunstancialmente, superada pelas pessoas que "transitam" suficientemente bem entre dois campos étnicos. É o caso de Maria Antonia:

nós ... eu fui ao baile, nós estávamos em vários, mais ou menos 12 a 14 pessoas, uns seis a sete casais japoneses, com suas mulheres ali, estavam todos na mesa então em um determinado momento, um deles, de lá bem antigo, então veio me chamar para dançar e falou assim: "Vem, Maria Antonia dançar; com Maria Antonia a gente não tem vergonha, porque Maria Antonia é do meio da gente mesmo coisa então terceira idade aprendendo agora ...". Assim sabe é muito bacana o carinho que eles têm com a gente, comigo, porque eles aceitam muito... (Maria Antonia)

Se as relações de alteridade são amenizadas em alguns momentos, isso não significa que desapareçam por completo. Em conversas informais com moradores da cidade é possível perceber as marcas das diferenças, quando não do antagonismo: "O meu sobrinho, esses tempos atrás, teve um problema com um rapaz aqui na cidade que é de fora, e é japonês" (Arnaldo Enomoto).

Sempre houve muita resistência por parte dos imigrantes japoneses e de seus descendentes em realizar o casamento interétnico. Essa problemática está associada a muitos fatores. Antes da

---

1 Na cidade existem dois clubes: O Clube Atlético Pereirabarretense e a Associação Cultural e Esportiva de Pereira Barreto. O primeiro é um clube de brasileiros e o segundo de japoneses. Isso não implica, no entanto, exclusividade. Em alguns momentos, como bailes e carnaval, há um maior intercâmbio entre os dois clubes. Observa-se, também, que os jovens, pela prática de esportes, transitam melhor entre os dois clubes.

guerra, por exemplo, acreditavam que voltariam para o Japão. Por outro lado, de um modo geral, devem-se considerar as disposições culturais relativas à concepção de casamento e às obrigações existentes no interior da família japonesa. Segundo relatos, o primeiro casamento interétnico verdadeiramente festejado na cidade de Pereira Barreto ocorreu na década de 1970, envolvendo o então prefeito da cidade e uma nissei. É importante notar, nesse caso, as circunstâncias em que ocorre o casamento e a posição social do noivo.

> Eu acho que no começo foi difícil, por exemplo, o casamento interétnico foi difícil, caso de tragédia e incompreensões e tudo. Mas para o teu governo o primeiro casamento interétnico, que foi feito numa boa com toda sociedade brasileira e a nipônica junto com direito a festança e Acep (Associação Cultural e Esportiva de Pereira Barreto) foi o casamento do Dr. Osório Barbosa Trentin e a professora filha do ... esqueço o nome dele. É, e foi uma boa. E eu fui o mestre de cerimônia. (Paulo Ono)

É interessante notar que nos anos 70, ao mesmo tempo em que ocorriam os primeiros casamentos interétnicos, registravam-se, como já foi dito, brigas entre turmas de jovens de japoneses e as de jovens brasileiros.

Por outro lado, as representações sobre os japoneses na cidade assumiram novas tonalidades. Para isso, contribuíram fatores mais específicos, como desempenho na escola, aproximação, convívio, compartilhamento, e gerais, como desempenho dos nisseis e sanseis em vestibular, desempenho econômico do Japão etc. Essa mudança, para melhor, é relatada por Cristina:

> Bom, a minha fase não pegou isto não, porque eu sentia até um tipo de respeito, entende, eu quero ser do grupo daquela, porque aquela ... sabe então existia até um respeito. É, porque uma professora de português que eu tive na quinta série, dona Gizelda, era uma professora famosa aqui em Pereira, então ela dizia, que, por incrível que pareça os melhores alunos de português eram os descendentes de japoneses (risos). Não é tanto assim essa dificuldade de pronúncia, falar errado, essa dificuldade não tem mais em nossa geração, então quer dizer nós aprendemos tanto quanto ... não existe nenhuma defasagem aí, certo, porque em casa a gente fala português, e na época da

minha mãe, do meu pai existia, minha mãe tem até hoje dificuldade de se expressar... (Cristina)

Percebe-se que a mudança das práticas e das representações é gestada com e a partir do convívio diário, na medida em que as marcas da alteridade (idioma, por exemplo) iam sendo superadas.

7 ASPECTOS DAS RELAÇÕES ECONÔMICAS E POLÍTICAS EM PEREIRA BARRETO

Como indicado até aqui, a trajetória de Pereira Barreto foi marcada pela presença japonesa e a sua importância não pode ser medida apenas do ponto de vista numérico.

Essa presença vai muito além das dimensões objetivadas nos monumentos públicos, no nome das ruas, no rosto de seus cidadãos, nas atividades econômicas, ou ainda nas manifestações artísticas. Ela está inscrita no *habitus* de seus moradores: ou seja, revela-se nas práticas cotidianas, políticas, sociais e em representações sociais.

O objetivo deste capítulo é descrever e analisar as relações sociais na cidade, mais especificamente as marcas do *habitus* que informaram as práticas e as representações dos moradores, em especial os entrevistados, no circuito das relações no campo econômico e no campo político-administrativo. Por último, discutiremos algumas dimensões do processo de socialização dos informantes.

De início, devemos lembrar que a cidade de Pereira Barreto originou-se de um empreendimento cujo objetivo era desenvolver atividades agrícolas de caráter comercial. Devemos considerar também que esse empreendimento foi realizado por uma empresa de origem japonesa e envolveu a criação de uma colônia de agricultores japoneses. O objetivo da empresa, seguindo a tendência da política emigratória japonesa, era fixar definitivamente os colonos no Brasil. Mas se o objetivo do governo e da empresa japonesa era de fixar os colonos definitivamente no Brasil, não se pode dizer a mesma coisa em relação aos imigrantes.

As relações de solidariedade, disposições herdadas do *ethos* japonês, explicitam diferenças fundamentais em relação às práticas e à trajetória econômica dos não-japoneses. São essas disposições objetivadas no *miai*, nos objetos oferecidos, nas práticas de presentear e, fundamentalmente, nas associações e cooperativas que possibilitaram aos membros da colônia se posicionarem em termos econômicos e culturais acima da média dos moradores da cidade.

Em um primeiro momento, na fase da instalação da colônia e de seus primeiros anos, verificou-se que os japoneses, em geral, assumiram a condição de proprietários e de patrões, seja como administradores da empresa da colonização, seja como sitiantes.

O planejamento e a administração da colônia estavam sob a responsabilidade da Bratac. Nesse sentido, nos primeiros dez anos, pode-se dizer que o campo econômico era controlado pela colônia, especialmente por suas entidades e empresas.

Esse domínio não se deu, apenas, pelo fato de as empresas e entidades, que organizavam e administravam a exploração econômica na cidade, serem de origem japonesa, mas também pelo fato de as atividades econômicas mais importantes, entre elas a agricultura, estarem sob o controle de colonos japoneses. Essa é outra dimensão das relações entre nipo-brasileiros e brasileiros que se estruturam no campo econômico, dimensão em que os imigrantes encontravam-se na condição de patrões e os brasileiros na de empregados.

Nos dez primeiros anos, os brasileiros que viviam na cidade eram, em sua maioria, trabalhadores braçais e assalariados. Eram, também, trabalhadores migrantes e empregavam-se com os "japoneses". A exceção ficava por conta dos comerciantes e profissionais liberais. Nesse caso, porém, era comum a presença de imigrantes de outras nacionalidades.

O relato de Léo Liedtke é esclarecedor sobre a presença de brasileiros e de imigrantes de outras etnias na cidade em seus primeiros anos:

> É em 33. Então um grupo de japoneses foi procurar meu pai lá em Barretos para ele montar uma indústria de banha, de mortadela, lingüiça essas coisas... Aí ele partiu para a padaria, e a padaria graças a Deus, lentamente, foi subindo, subindo e foi onde educou os filhos. Então foi ali que fomos criados e ali nós progredimos, compramos fazenda, fomos donos do cinema lá, eu fui prefeito duas vezes da cidade.

Segundo meu informante, seu pai, que era imigrante alemão, foi convidado para instalar uma fábrica na cidade, o que pressupõe a existência de capital financeiro para montar a empresa e também de capital social para merecer a confiança da empresa colonizadora, que passa pela questão étnica.[1]

Quando perguntei a Léo Liedtke se outros brasileiros mudaram-se para a cidade, ele respondeu indicando nomes de um segmento social reconhecido:

> Havia muito poucas famílias, viu... Tinha o Jorge Wako de Batista de Castilho que foi o primeiro prefeito, era nomeado não era eleito, que tinha farmácias; Jaime Henrique Pinto Júnior que era dentista, depois posteriormente ele foi gerente do Banco América do Sul e depois Bandeirante. Família Milton Rabelo que inicialmente também tinha uma farmácia. José de Oliveira que também tinha uma padaria, família muito grande, que tinha vindo de Mato Grosso vindo estabelecer em Pereira Barreto.

Isso indica que já havia brasileiros bem posicionados no campo econômico. Pelo depoimento de Osório Barbosa também fica claro que não foram apenas os japoneses que ascederam social e economicamente:

> – E por que será que os brasileiros que vieram para cá não ficaram também, né? Teve uns brasileiros que enriqueceram também? Teve o seu Zé Orlando e ... como chama ... esqueci o nome dele já ... eu já lembro o nome dele pro senhor ... já me esqueci ... – disse Osório Barbosa.

---

[1] Cabe lembrar que o fato narrado ocorreu no começo dos anos 30, momento em que Japão e Alemanha, assim como o Brasil, passavam por processo de ascensão do nacionalismo que resultou na formação da aliança militar na Segunda Grande Guerra.

– E eles vieram simples também.
– Vieram simples, eles trabalhavam na roça também.
– Quer dizer que não foram apenas os japoneses que ficaram ricos, teve brasileiros também...
– É que segurou...
– Que pegou firme ...
– É...
...
– Jorge Wako Mineiro.
– Jorge Wako Mineiro.
– Jorge Wako Mineiro, ele tá rico. Ele, quando chegou ali, foi pra roça com a muié.

Os relatos indicam que os japoneses não foram os únicos que enriqueceram. Os brasileiros também o fizeram. Especialmente pecuaristas e comerciantes. No entanto, a ênfase dada aos "negócios" dos japoneses indica o predomínio do grupo no campo econômico durante os dez primeiros anos da história de Pereira Barreto.

A trajetória de Osório Barbosa é bastante ilustrativa de como as relações sociais de produção passavam pelo crivo da condição étnica e de classe, nos primeiros anos da cidade. Osório Barbosa veio para Pereira Barreto, com a notícia de que a "companhia japonesa"[2] estava contratando mão-de-obra para abertura de uma estrada que ligaria a estação ferroviária de Lussanvira até o ponto da travessia sobre o Rio Tietê. Até então, o principal meio de acesso à Fazenda Tietê era por meio de uma balsa.

A ponte Novo Oriente foi construída em 1935. Seu objetivo principal era ligar a Vila de Novo Oriente à estação ferroviária de Lussanvira, então sua principal porta de entrada. A obra foi planejada e financiada quase totalmente pelo governo japonês. Os trabalhadores foram quase todos brasileiros.

Pela recorrência que aparece nas conversas informais, nos depoimentos de pessoas mais velhas e nos registros históricos escritos, pode-se deduzir a importância da ponte para a cidade e para os moradores. Pode-se dizer que durante as últimas décadas essa importância tornou-se mais simbólica do que econômica. Isso por-

---

2 Modo como Osório Barbosa se refere à empresa de colonização japonesa.

que, com o desativamento do tronco ferroviário que servia a localidade e com a abertura das estradas de rodagem (que não passavam pela ponte), o fluxo sobre ela tornou-se muito pequeno. A importância da ponte, no entanto, foi recriada: tornou-se ponto turístico, local de encontros de namorados, lazer e, principalmente, funcionava como um espelho em que a comunidade local enxergava o seu pioneirismo, o seu poder econômico, técnico e estético implícitos em sua construção. A ponte tornou-se, assim, o símbolo mais importante da cidade. E hoje tornou-se mais uma grande perda para a cidade e seus moradores, provocada pela formação da represa da usina hidrelétrica de Três Irmãos.

A construção da ponte evidencia outra dimensão da presença japonesa na região. Não foram apenas pioneiros no que diz respeito à colonização da cidade, mas no que se refere à integração desta com as cidades vizinhas. A ponte significava a ligação da colônia com o mundo. A colônia não era apenas um grupo de agricultores em busca de um lugar para viver. Representava um empreendimento tipicamente empresarial. Era o lucro que se buscava, pois ele garantiria o retorno à terra natal. Nesse sentido, pode-se mesmo inferir que a ponte denotava essa preocupação: a de manter uma porta aberta para a distante e tão saudosa terra natal. Também relevava a preocupação em viabilizar o transporte de mercadorias e de pessoas tão essenciais à atividade capitalista. A ponte aparece, assim, como parte de uma estratégia para a efetivação dos planos iniciais do empreendimento empresarial que criou a colônia.

Por outro lado, a construção da ponte pressupõe um conjunto de relações sociais no campo econômico. Pelo depoimento de Osório Barbosa é possível visualizar o posicionamento de japoneses e brasileiros em torno da obra. A trajetória de Barbosa, relatada em seu depoimento, explicita a dinâmica das relações sociais em torno da construção da ponte.

Ele conta:

> Chegando em Lussanvira, eu atravessei para cá e vim trabalhar para cá... vim trabalhar nesta estrada aí. Aí despois a companhia japonesa falou: vou fazer a ponte. Aí ele disse: "o senhor quer puxar carreto, puxar madeira para a ponte" ... fui puxá, os outro cortando madeira e nós puxando. Fizemos a ponte, puxamos estas tora de

madeira para fazer a ponte. Aí eles puseram os arcos, se hoje se quiser eu mostro onde os cabos estão enterrados, seis cabos de aço desta grossura assim, enterrado, uns pro lado de cá e outros pro lado de lá ... aí fizemos a ponte ...

A fala de Osório Barbosa remete, em um primeiro momento, a dois marcos históricos da origem da cidade: à derrubada da mata, uma das atividades dos primeiros migrantes na região, e à exploração de madeira, que, por sua vez, está associada ao processo de loteamento de grande áreas. Ambos foram expressões da inserção da região na frente pioneira por meio da mercantilização de suas terras.

Num segundo momento refere-se à estação ferroviária Lussanvira que fazia parte do traçado original da Estrada de Ferro Noroeste. Depois da abertura da variante entre as cidades de Araçatuba e Castilho, o tronco original perde, gradativamente, sua importância até que em 1952 é desativado.

O relato acima já anuncia, também, o lugar que Osório Barbosa ocupou dentro da estrutura das relações sociais que marcaram os primeiros anos da cidade. A referência à "companhia japonesa" como entidade, como um personagem instituído de vida própria, revela a percepção que possui do empregador e também a forma com que os japoneses se apresentam à sociedade. Fica claro o caráter de um empreendimento empresarial, de sua organização e da impessoalidade de suas relações sociais. Como ficou claro no decorrer de toda a entrevista, não houve nenhuma referência a nomes ou a indivíduos quando se referiu ao passado e a sua experiência como funcionário de uma empresa japonesa.

A sua fala expressa, ainda, dimensões das relações de alteridade, as marcas das relações de classe e da divisão social do trabalho:

> Aí despois a companhia japonesa falou: vou fazer a ponte. Aí ele disse: "O senhor quer puxar carreto, puxar madeira para a ponte" ... fui puxá, os outro cortando madeira e nós puxando. Fizemos a ponte, puxamos estas tora de madeira para fazer a ponte.

Na verdade, Barbosa se orgulha de seu trabalho. Nessa parte de seu relato, percebe-se um terceiro grupo: os cortadores de madeira. Enquanto a companhia japonesa determinava o que deveria ser feito, ele puxava (isto é, transportava) a madeira que os "outros" cortavam. A divisão do trabalho fica evidente em outra passagem: "Aí eles puseram os arcos... seis cabos de aço...". O trabalho especializado, mais elaborado, difícil, ficava por conta deles (japoneses). Mas não há uma alienação completa em relação ao seu trabalho, o que se percebe em sua conclusão: "Aí fizemos a ponte!".

No entanto, logo em seguida, Osório retoma a linha do discurso marcada pela alteridade:

> É ... aí nós ... eles fizeram a ponte e eu só puxava madeira ... eles fizeram a ponte ... eles fizeram um aterro ... eles fizeram aterro lá ... uma outra companhia fez um aterro mas, muito baixo, aí a companhia japonesa mandou eu fazer um aterro com ... caminhão, fomo puxar terra com caminhão, eu fui ajudar. Acabou e eu fiquei "... ó cê fica aí ... cê fica aí, fica trabaiando".

Como se vê, a relação de subordinação é evidente: "... aí nós ... eles fizeram ...". Na verdade, ele se reconhece como sujeito do processo, mas a pausa em sua fala parece servir para recolocar as coisas "em seus devidos lugares", lugares instituídos por uma ordem que lhe é imposta. Os lugares que em sua memória estão indefinidos, revelando o conflito em torno de sua representação sobre os responsáveis pela construção da ponte: "...eles fizeram a ponte e eu só puxava madeira...". Sua importância reaparece quando a companhia japonesa manda refazer o aterro, ele é quem refaz. Ou melhor, ajuda a refazer: "...a companhia japonesa mandou eu fazer o aterro com ... caminhão, fomo puxar terra com caminhão, eu fui ajudar". O final dessa passagem é significativo no que diz respeito ao lugar que ocupava dentro das estruturas das relações sociais: "Acabou (a construção) e eu fiquei" ... (lembrando-se da "seqüência") "... ó cê fica aí ... cê fica aí, fica trabaiando". A fala revela sua disponibilidade, procurando onde se encaixar em um mundo controlado pelos japoneses. O trabalho dos japoneses representava este lugar, o que lhe dava visibilidade dentro das relações sociais do lugar. Era ao mesmo tempo exploração do trabalho e afirmação social.

Para Osório Barbosa, a presença japonesa também era marcada pela atividade da venda da terra. Na verdade este era o papel da companhia de colonização (só mais tarde a atividade foi assumida por alguns isseis). Uma sobreposição entre o que chamamos de pessoa física e pessoa jurídica. Trata-se na verdade de uma disposição do *ethos* japonês pela qual se busca afirmar, no espaço público, como coletividade (rigidamente organizada). Mas, de qualquer forma, a sobreposição presente na fala de Barbosa aparece como uma representação do "japonês". E ela aparece associada à venda da terra, mecanismo de controle social.

Se considerarmos o momento histórico em que isso ocorre, caracterizado pela ação de empresas de loteamento no processo de mercantilização da terra, fica evidente a relação de poder vivenciada por nosso informante: pobre, brasileiro, nordestino, não-proprietário *versus* empresa rica, japonesa, proprietária. Se este momento for analisado com base nas relações sociais travadas no campo econômico, perceberemos que são matizadas pelos lugares que Osório Barbosa e a companhia japonesa ocupam dentro da estrutura das relações sociais.

Em outra parte de seu relato, descreve as atividades econômicas dos japoneses objetivadas em forma de plantações e outras atividades econômicas:

– O que tinha plantado?
– Tudo tinha plantado, cana, tinha dois alambique – responde Barbosa.
– Para fazer ...
– Pinga, açúcar, tinha aquela açúcar preto ... tinha um aqui na Perdeneira e outro lá em Pereira ... tinha aquele lá em cima na Perdeneira e este aqui em Pereira. Não tinha saída pra lá, tudo era mato ... só depois que eles foram abrindo ... foram vendendo os terreno e foram tomando conta.

Mais uma vez aparecem os papéis desempenhados pelos japoneses relacionados às atividades econômicas e ao desbravamento do local. Voltei a perguntar sobre sua experiência de trabalhar para os japoneses:

– E como é que era trabalhar com eles?
– Eu trabalhava com eles e eles pagava tudo – respondeu Barbosa.
– Mas eles eram muito exigentes ...
– Não, comigo não. Eu disse: não tenho leitura nenhuma, aí eles disseram não tem importância, você não tem leitura mas você é mui-

to boa gente e eu fiquei trabalhando... Eu te pago duzentos e cinqüenta... todo mês eles pagavam ...
– Pagavam direitinho?
– Pagavam direitinho ... aí já peguei para comprar vaca, comprar animal ... punha no pasto deles e eles não falava nada ... japonês ... fui muito bom, eu não queixo.

A relação com seus empregadores japoneses é mediada pelo compromisso do pagamento em dia. Percebe-se que, mesmo "não tendo leitura nenhuma", sua afirmação no interior das relações de trabalho dá-se por meio de um voto de confiança: "Você não tem leitura mas você é muito boa gente". É possível dizer que esse diálogo, reproduzido pela fala do entrevistado, explicita uma dimensão das práticas da companhia japonesa de colonização. Na verdade, Barbosa é aceito apenas no campo do trabalho como trabalhador braçal, condição na qual a ausência de instrução é plenamente compensada pelo elemento "confiança". Ser boa gente significa ser de confiança, isto é, pode-se contar com o seu trabalho para que o empreendimento (construção da ponte, da estrada, do aterro etc.) seja realizado. A confiança que os japoneses depositavam em Osório Barbosa aparece como fator de auto-afirmação e de afirmação perante a sociedade local. Apesar de não ter leitura nenhuma, os japoneses depositavam-lhe tarefas importantes como levar correspondência comercial para outros escritórios da companhia em outras cidades:

– Mas por que eles tinham tanta confiança em você?
– E eu não sei! Eles mandavam em eu daqui para a companhia, me davam carta para levar em Araçatuba, que eles tinham sítio lá também. Daqui eu pegava um carro e ele me levava lá, tinha uma confiança ... a companhia japonesa. O gerente tinha uma confiança em mim que eu nunca vi. Japonês: "ah! você vai levar isto lá", o chofer ia comigo chegava lá, eu não sei, eu não tinha leitura nenhuma.

Como se vê, Osório Barbosa não possui clareza sobre os motivos da confiança dispensada pelos japoneses.
Além do mais, ser pago regularmente permitiu-lhe iniciar a atividade que desenvolveria até o momento em que resolveu parar de trabalhar. Ele tornou-se peão de boiadeiro, conduzia boiada de

fazendas em fazendas, das fazendas aos matadouros, como tradicionalmente era feito pelas estradas boiadeiras, em uma época em que não havia estradas de rodagem que possibilitassem o transporte rodoviário.

8 JAPONESES E BRASILEIROS MEDIADOS PELA ÉTICA DO TRABALHO

A fala de Osório Barbosa sugere outra possibilidade de se pensar as relações interétnicas da ótica do *habitus*. Por seu relato, é possível perceber a presença de muitos brasileiros na então Vila de Novo Oriente. Esses brasileiros trabalhavam, sobretudo, na derrubada da mata. Os trabalhadores, chamados de "peões", parecem ser uma categoria social com presença bem marcante na região. Trata-se de pessoas que migraram sozinhas, sem a companhia da família, para trabalharem como assalariados. São os antepassados dos trabalhadores rurais bóias-frias de hoje. Trabalhavam, como já foi dito, na derrubada da mata, área destinada ao cultivo pelos japoneses. Barbosa não menciona mais nada a respeito de outras atividades, nem de outros períodos da história da cidade.

É difícil precisar se a ausência de referência mais nítida resulta de uma recusa "consciente" ou de uma dificuldade de rearticulação das lembranças. O fato é que Osório Barbosa simplesmente não respondeu às minhas indagações:

– E tinha muito brasileiro trabalhando na roça para japonês ...
– Ixe tinha muito, fazendo derrubada tudo ...
– O senhor trabalhou na derrubada?
– Eu não cheguei a trabalhar na derrubada não.

– E eles gostavam de trabalhar com os japoneses ou não?
– Quem ... eu não trabalhei na derrubada não ...
– Não, mas e as outras pessoas ...
– É, as outras pessoas, tinha muito pinhão, só pinhão ...
– É, e eles gostavam de trabalhar com os japoneses?
– É, eles trabalhavam para os japoneses ...

A participação de Barbosa na construção da ponte e a importância por ele atribuída não encontram paralelo no depoimento de Jitsunobo Igi (que como se sabe é considerado o historiador da cidade). Contei-lhe sobre a entrevista com Osório Barbosa:

– Eu também conversei com outro senhor, eu não sei se o senhor conhece, o senhor Osório Barbosa. Ele recebeu recentemente...
– Eu sei quem ele é.
– Tem 103 anos. Está aqui desde de 25, 26. Ele foi um dos casos que ficou aqui, né. Ele já morava mais ou menos perto, Nova da Independência ele ficou em Pereira Barreto, depois.
– Ele era peão. Peão de boiadeiro.

Eu ia dizer a Jitsunobo Igi que Osório Barbosa havia recebido o título de Cidadão Pereirabarretense, mas fui interrompido antes de concluir a frase. É significativo que o espaço que ele reserva para falar sobre Barbosa seja claramente proporcional ao lugar que ocupava na estrutura das relações sociais no campo econômico, o que não lhe garante espaço na narrativa oficial sobre a história da cidade.

A inserção de brasileiros na estrutura produtiva da cidade deu-se, portanto, a partir da derrubada da mata virgem e da construção da ponte. Esses brasileiros são de origem nordestina, trabalhavam de empreitada e eram em sua maioria solteiros. Essa mão-de-obra foi em grande parte reutilizada na construção da ponte e no serviço da lavoura. Esse seria o padrão das relações entre brasileiros e japoneses, já ilustrada pela fala de Osório Barbosa. O diálogo a seguir indica como essa relação é representada por Jitsunobo Igi:

– Quando nós chegamos aqui cada fazenda já tinha um ou dois diaristas, que eles estavam tendo. Como seria um rancho, né? Os caboclos era diferente. Porque caboclo na maioria da, na maior parte deles era irresponsável, né? Agora quando vem gente de alto nível era confiável, porque era ... eram gente, gente que podia confiar, né ... confiável,

né? Então, já mudou completamente, o modo de pensar. Primeiro, pensou que brasileiro tudo era igual, igual àquele caboclo que era irresponsável. Mas quando veio o juiz, o promotor, o dono do cartório, o funcionário do cartório era diferente.
– Esse pessoal não era nordestino?
– Não, não, não, pelo menos tinha instrução, né? Os outros não tinham instrução, pessoal trabalha no serviço braçal.
– E o senhor fala que é irresponsável no serviço. Não cumprir as tarefas direito não tinha responsabilidade com relação aos compromissos dele.
– Isso.

A fala indica que a condição de subordinação nas relações sociais de produção pelas atividades desempenhadas pelos brasileiros coincide com a origem desses trabalhadores: nordestina.

O depoimento revela, como já foi dito, que essa situação passaria por profundas mudanças com a instauração da comarca em 1945, o momento de redefinição dessa relação, ou melhor dizendo, do surgimento de um novo padrão de relação.

A instalação da comarca coincidiu com o fim da Segunda Guerra Mundial e, portanto, com o processo de esvaziamento da colônia. É o período em que se dá início à formação de grandes latifúndios por meio de negociação dos lotes vendidos pelos nipo-brasileiros que deixavam a cidade. Esse processo dá origem ao segmento social dos latifundiários da cidade, predominantemente de origem brasileira, o que não excluiu membros da comunidade nipo-brasileira.

Com a chegada de brasileiros em decorrência da implantação da estrutura burocrática na cidade, com a passagem de Pereira Barreto para a condição de município (1938) e, posteriormente, de comarca (1945), configura-se uma nova dinâmica da estrutura das relações sociais. Todos os cargos seriam ocupados por brasileiros. Trata-se de um momento fundamental para a redefinição do jogo de forças no interior da cidade. Na verdade, a chegada de brasileiros de segmentos sociais ligados à administração pública, profissionais liberais e da magistratura, é o pressuposto para o surgimento de um novo padrão de relacionamento, pautado em uma nova representação sobre os brasileiros. No lugar do caboclo, "indolente" e não confiável, tinha-se o advogado, o juiz, o homem de posses. Um novo brasileiro em quem se poderia confiar. Cabe perguntar, então, por que esses novos brasileiros são confiáveis? Dentro da concepção de uma sociedade fortemente hierarquizada e formalizada, a profissão, a função exercida, indica o *status* social da pessoa que a ocupa. Se está em uma posição de destaque é porque é merecedora. O que está em jogo é a conduta que o indivíduo assumiu para chegar aonde chegou, e é o que o avaliza perante a colônia. Portanto, a riqueza, a profissão ou a ocupação não são em si mesmas os meios utilizados para definir aquele que é confiável ou não, o que importa é o que está implícito em sua posição.

9 MUDANÇA, RUPTURA E CONTINUIDADE

TEMPOS DIFÍCEIS E O ESVAZIAMENTO DA COLÔNIA

O período da Segunda Guerra Mundial foi, ainda que não de modo genérico, de dificuldades econômicas para a colônia japonesa no Brasil como um todo. As restrições impostas pelas várias instâncias do poder institucional diminuíram a mobilidade e as oportunidades de trabalho e de negócios, sem falar nas imposições sociais e culturais. Como se não bastasse, segmentos da colônia começaram a pressionar seus patrícios para não cultivarem, produzirem ou comercializarem produtos que poderiam ser usados na guerra contra o Japão.[1] Essa passagem é uma das mais traumáticas da trajetória dos imigrantes no Brasil, pois explicitou, por meio da constituição e das ações do Shindo-Remmei, profundas diferenças e antagonismos, expressos na intolerância, em ações terroristas e nos assassinatos dentro da colônia:

---

1 Entre outros produtos, destacam-se a seda, utilizada na fabricação de pára-quedas, e a menta, utilizada na refrigeração de motores de avião.

Na Fazenda Tietê, alguns beberam demais na festa de celebração da grande vitória nipônica e exibiram a bandeira do Sol Nascente, resultando daí uma briga com brasileiros, com derramamento de sangue. Dezenas de japoneses foram detidos, sendo que quatro dos principais acusados foram remitidos para a Delegacia de Política da cidade A. Uma vergonha...[2]

De qualquer modo, o período da guerra é, em todos os campos, o marco do início do esvaziamento da colônia na cidade de Pereira Barreto.

Jorge Wako descreve o processo de esvaziamento:

Quer dizer que mixou por causa da Segunda Guerra Mundial para cá, né. Os japoneses que tava aqui também uniu tantas família aqui. Mas, quer dizer que essas pessoas, então, tinha que modificar a vida para viver aqui mesmo no Brasil. Aí, eles foram tudo para .... maioria foram para São Paulo, né. Aí, começou, entrou no comércio tudo aí, né. Saiu bem, sabe.

Tudo indica que as famílias que permaneceram na cidade ou o fizeram por motivos econômicos, ou não tinham condições para recomeçar a vida em outro lugar ou já haviam obtido sucesso econômico, o que viabilizava a permanência da família e, ao mesmo tempo, a possibilidade de seus filhos estudarem em cidades maiores.

Depois da guerra, a tendência no interior da colônia foi de manter-se em atividades agrícolas, entre as famílias menos capitalizadas ou, entre aquelas mais capitalizadas, morar na cidade. Muitos nipo-brasileiros passaram a ter casas na cidade. A primeira que construíam era geralmente alugada para aumentar a renda da família. Caso construíssem uma segunda casa na cidade, então a família, ou parte, mudava-se para a cidade onde iniciavam uma nova atividade econômica, mas mantinham, ao mesmo tempo, suas atividades agrícolas.

---

2   Nos depoimentos coletados, não houve nenhum registro de ações do Shindo-Remmei na cidade. Mesmo porque, ainda, é tratado como um grande tabu, principalmente pelas gerações mais velhas. Em *Epopéia moderna*, no entanto, encontram-se registrados os trechos do diário de Seiichi Tomari em que são relatados enfrentamentos entre imigrantes (vitoristas) e brasileiros (*Comissão*, 1992, p.271).

A CONSTRUÇÃO DE UMA IDENTIDADE INACABADA   117

O processo de "encolhimento" da colônia, como se vê, passa pela diminuição da participação dos nipo-brasileiros na vida econômica da cidade. Há dois casos explicitados no depoimento de Léo Liedtke. O primeiro deles refere-se ao fechamento das tecelagens de seda na cidade.

Pelo depoimento de Léo Liedtke é possível visualizar como se deram as relações entre nipo-brasileiros e brasileiros no campo econômico após a Segunda Guerra Mundial.³

> Ali havia duas tecelagens de seda, por sinal uma das melhores sedas talvez do Brasil .... Era de propriedade de empresários japoneses, mas lamentavelmente, sabe como é, a lei trabalhista, estas indústrias nunca tiveram aquela renda desejada, sempre lutava ali a troco quase do pão de cada dia. Então, o empregado às vezes não era registrado, porque os encargos sociais no Brasil sempre foram muito elevados, é fora de série, com os encargos sociais você gasta mais do que com o salário que você paga para o empregado. Você vê, acho que tem mais de sessenta impostos no Brasil. Então estas firmas japonesas não registrava para não ter muitas despesas. Vai um vereador que por sinal era meu vereador que depois eu critiquei ele demais, lamentei a atitude dele, começou ir atrás de promotor, e promotor muito besta também.

O fechamento das tecelagens de seda pode ser compreendido como mais uma expressão da diminuição da presença japonesa na cidade. Nesse caso, coincide com o encerramento do chamado ciclo da seda em Pereira Barreto. O fechamento das fábricas parece estar associado a uma disputa trabalhista na qual Léo Liedtke colocava-se ao lado dos empresários japoneses, posição assumida em razão da alegada injustiça tributária. É interessante notar que o relato explicita uma dissensão política no interior dos grupos políticos que apoiavam o então prefeito, dissensão que estava acima da questão étnica.

O segundo caso refere-se ao Cine Itapura, então propriedade de Cozo Tagushi, issei, pecuarista, vereador e comendador. No

---

3   Seu depoimento explicita as representações que possui a respeito dos japoneses nesse campo, representações essas construídas em sua trajetória de vida na cidade, em particular a partir de sua condição de prefeito.

final dos anos 50 e início dos 60, o cinema é comprado por Léo Liedtke, simbolizando a transferência do poder econômico para as mãos de não-nipo-brasileiros. Na verdade, há mais jogo do que a simples negociação comercial. O cinema é fenômeno da indústria cultural, veículo da comunicação de massas. Naquele momento, proprietário de um cinema – espaço de lazer privilegiado – tinha significados bastante profundos. No entanto, deve-se atentar para o fato de que o Itapura manteve sessões regulares de filmes japoneses. A negociação do cinema simboliza muito bem o processo pelo qual passava a cidade. Não se tratava da eliminação ou do desaparecimento por completo da colônia, mas de um reposicionamento nas estruturas das relações econômicas e sociais da cidade.

Na década de 1960, a estrutura administrativa da Cooperativa Agrícola passaria por profundas mudanças protagonizadas, em grande parte, por Paulo Ono. Em 1964, ano em que muda para a cidade de Pereira Barreto, começa a trabalhar em uma empresa de implementos agrícolas de propriedade da família Wako. Mas logo é chamado para trabalhar na cooperativa:

> E eles chegaram à conclusão que teriam, que não dava mais para segurar a barra aqui. Estavam chegando a vez dos nisseis. Queriam um cara que entendesse, no modo de pensante, operante, os nisseis, né?! E no mesmo tempo que tenha acesso à sociedade. Aí eu estou lá, me chamaram e o escolhido foi eu (risos de ambos). Olha, eu relutei também. Pô, eu estou aqui e agora que é um ramo gostoso e tudo ... E, foi justamente aqui, então acharam que tinha que mudar... Eu era praticamente o secretário deles, sabe. Essa era a administração de transição e eu era o elemento de transição. Bem, aí o que acontece – vem pra cá que vai mudar, e tudo. A primeira coisa que eu fiz, foi, antes todos cooperados 100%, praticamente, eram da colônia. Aí eu fui pondo os brasileiros, né. Então, hoje 50% do corpo associativo. ...
> Não dá, os japoneses... O que acontece os velhos vão morrendo, né, e a cooperativa é uma boa coisa. É uma coisa necessária para a nossa comunidade, né. A cooperativa, embora fosse só da colônia, era uma comunidade minoritária, ela era respeitada. Tinha um conceito. Aí nós fizemos uma abertura, então, pelo menos as pessoas conceituadas, que quisessem entrar, nós abrimos. Então ficou uma mescla 50% descendência da colônia e 50% do pessoal daqui. Mas

nessa fase ocorreu o término do ciclo da cunicultura. E depois para acabar veio a inundação. E essa inundação foi violenta.

Em primeiro lugar, percebe-se que a transição da diretoria indica uma mudança de geração no comando da cooperativa. Revela, também, o lugar de destaque da cooperativa nas atividades econômicas da cidade e a predisposição de mudança ante um mal maior: o fim das atividades da entidade. É possível observar o papel a ser desempenhado pelo nissei: realizar a transição para uma nova fase. Mas essa transição deveria ser realizada sem rupturas, de modo a preservar ao máximo as características originais da cooperativa. Para isso, era necessário alguém que entendesse o "modo pensante" e o "o modo operante" da cooperativa e, fundamentalmente, dos isseis, geração que começa a abrir mão do controle da entidade.

A COOPERATIVA E A REAFIRMAÇÃO DA COLÔNIA

A abertura para a participação de brasileiros foi uma saída para sua sobrevivência econômica, mas também como um mecanismo de (re)afirmação da colônia. Ou seja, a incorporação de brasileiros na cooperativa serviu para mantê-la financeiramente funcionando. Assim, independentemente de ter maioria japonesa ou não, aparece aos olhos da cidade como símbolo da presença japonesa, reafirmando e renovando o seu poder simbólico que expressa o poder de organização, o poder econômico, as disposições éticas herdadas e redimensionadas na experiência histórica concretamente vivenciada pela colônia em Pereira Barreto.

É importante notar, no entanto, que essa abertura não foi indiscriminada. Paulo Ono relata que apenas brasileiros "bem conceituados" foram aceitos. Ou seja, do mesmo modo que a abertura da cooperativa a não-nipo-brasileiros deve ser pensada como uma estratégia matizada pela disposição de mudança sem ruptura, os critérios da admissão dos novos cooperados também o eram.

DEKASSEGUI: NOVAS OPORTUNIDADES PARA NIPO-BRASILEIROS E BRASILEIROS

O surgimento do trabalhador nipo-brasileiro dekassegui, fenômeno que diz respeito a toda a colônia japonesa no Brasil, trouxe mudanças significativas para a cidade. Em primeiro lugar, a diminuição do número de jovens nipo-brasileiros na cidade estaria interferindo nas práticas culturais da colônia. Nota-se o surgimento de uma lacuna entre os velhos e as crianças de tal modo que começaram a surgir dificuldades em se realizar atividades culturais por não haver quem se encarregasse de operacionalizá-las. Isso é sentido pela comunidade local por meio da diminuição das atividades culturais da colônia na cidade, como bailes, carnaval, entre outras.

No que diz respeito às relações econômicas propriamente ditas, os dekasseguis são representados, por exemplo, por Maria Antonia, como a esperança de um renascimento da colônia na cidade. Isso graças à capitalização econômica que realizam trabalhando no Japão e os investimentos na cidade (casas, lojas, automóveis e propriedades rurais).

Perguntei a Maria Antonia a respeito dos efeitos dos trabalhadores dekasseguis:

– Tem um efeito econômico aqui?
– Nossa! Eles largam aqui alguém da família e vão todos para lá (Japão). Quando você vê, já estão com aquela presença máxima deles, o que eles ganharam lá, eles estão aplicando aqui. Eu ainda acredito que futuramente colônia japonesa vai voltar um dia. Fazer o que eles fizerem ... eles estão indo para fora e estão ganhando e aplicando aqui.

Aqui em Pereira, ainda nós vamos ver, eu ainda tenho impressão que vai voltar a aparecer os nissei, a colônia vai voltar.

Vai haver um ressurgimento dessa colônia ainda por causa disso, porque eles vão lá e ganham e estão aplicando aqui ainda, estão fazendo o campo deles. Porque como era lavoura e lavoura não vai indo para frente, então eles começam a aplicar em outras coisas, você pode ver alguns com locadoras de vídeos, estão aplicando em empresas, em fábricas, microempresas. Tem um menino que não tinha nada, foi para lá e hoje produz ovos de codorna. Já está despachando ovo de codorna até para o Rio de Janeiro. Só que ele ainda está no Japão, mas está mandando e investindo e no final ele deve voltar para Pereira para tomar conta do que é dele. Então quer dizer já está investimento.

A CONSTRUÇÃO DE UMA IDENTIDADE INACABADA

A trajetória de Nilton Cesar do Nascimento demonstra que a condição de dekassegui e as oportunidades dela decorrentes estendem-se a maridos e esposas de nipo-brasileiros.

É interessante notar que Nilton, após retornar do Japão e de uma breve experiência de trabalho no Mato Grosso, emprega-se na cooperativa agrícola da cidade. Isso significa ser aceito como funcionário, como portador de disposições adquiridas, já expressas em seu casamento com uma sansei e, principalmente, em sua experiência de trabalho no Japão. Nesse último aspecto, nota-se que ele, não obstante a consciência da relação de exploração a que estava submetido, orgulhava-se do reconhecimento de seu trabalho na fábrica japonesa.

– E como foi lá, Nilton, em termos gerais? Como é que foi a sua experiência lá?
– Ah, eu gostei do serviço, era corrido, mas eu gostei.
– Você trabalhava quantas horas por dia?
– Eu trabalhava, quer vê... eu entrava todo dia às oito, e saía às dez e meia da noite, com intervalo de uma hora de almoço...
– Nossa senhora! Eram 12, 14, 13 horas de serviço.
– Isso, 13 horas de serviço. Você trabalhava de segunda a sexta. Mas na sexta você chegava em casa mais ou menos 11 e meia, porque o alojamento ficava um pouco distante da fábrica e no sábado entrava cinco horas da manhã e saía uma e quarenta e cinco da tarde, porque tinha a parte da limpeza e tudo...
– E como era o dia-a-dia na empresa, em termos da organização, do seu relacionamento com o pessoal, com os superiores?
– Era um relacionamento sempre bom, para eles não tinha assim muita, discriminação com a gente, não. Só que eles são assim, quanto mais você trabalha, você está abaixando o tempo da máquina, você está fazendo a peça mais rápido, eles vão te explorando o máximo, para que você dê lucro, né, então eles te exploram o máximo. Então eu comecei na prensa fazendo uma peça, quando eu saí eu estava num tempo bem menor do que eu entrei, então quanto mais você vai produzindo mais eles te exploram. E eles são muito organizados, a organização ali é fundamental.

São as disposições adquiridas nessa experiência que o habilitam a trabalhar na cooperativa e, mais do que isso, ele passa a ter a admiração de seus superiores. O respeito de Nilton à hierarquia e à disciplina de funcionamento da cooperativa (ainda fortemente marcada pela presença de dirigentes nisseis) é o que o torna aceitável.

Interessa perceber também que não foi apenas na cooperativa que foi aceito, mas também em outros circuitos de relações sociais pertencentes a outros campos. Hoje freqüenta a Acep e parece bem integrado às suas atividades. Essa condição revela, por sua vez, que o casamento interétnico pode funcionar como mecanismo de reposicionamento nos campos econômico e social da cidade.

Por outro lado, segundo Paulo Ono, o dekassegui traz conseqüências negativas para a colônia. A defasagem de salários entre os salários recebidos no Japão e no Brasil faz que nipo-brasileiros retornem com freqüência para o Japão. Isso, além de criar, como já indicado, uma lacuna no interior da colônia, estaria provocando a desestruturação de famílias nipo-brasileiras.

A análise das relações entre nipo-brasileiros e brasileiros no campo econômico permite afirmar o processo de abrasileiramento que implicou a diminuição da colônia, uma mudança da correlação de forças em conseqüência do surgimento de novos segmentos, social e economicamente privilegiados (administração pública, cartórios, profissões liberais e magistratura), mas não uma mudança econômica que indicasse uma ruptura nesse campo.

10 O REPOSICIONAMENTO DA COLÔNIA NO CAMPO POLÍTICO

No campo político, a dinâmica das forças e as alterações das posições dos agentes sociais na estrutura do campo seguem as tendências já descritas, embora apresentem contornos próprios.

A política não é o campo mais privilegiado das práticas e das representações da "colônia" em Pereira Barreto. Talvez porque seja um campo no qual a retórica seja fundamental, habilidade não muito desenvolvida entre os japoneses em sua cultura tradicional. Somam-se a isso dificuldades de comunicação decorrentes de falarem um idioma estrangeiro, fato muito mais significativo para a geração de isseis. Além do mais, fora o fato de trazerem consigo todo um conjunto de disposições éticas, entre as quais a forte marca da hierarquia, faziam parte de um empreendimento comercial. Disputas políticas não se colocavam como problema.

Nos relatos dos depoentes mais velhos, ficam explícitos os diferentes graus de importância entre o campo político e o econômico. Se as atividades políticas não são relatadas espontaneamente, os relatos sobre a dureza do trabalho e as dificuldades de sobrevivência na colônia, em seus primeiros anos, são muito recorrentes.

No entanto, o não-privilegiamento das atividades políticas e a pouca importância atribuída a elas nos depoimentos devem ser compreendidos a partir de alguns aspectos históricos. Os imigrantes de origem européia, que começaram a vir para o Brasil nos últimos vinte e cinco anos do século XIX, tiveram a chance de se naturalizar por ocasião da promulgação da primeira constituição republicana brasileira em 1891. Os japoneses, que iniciam sua chegada a partir de 1908, não tiveram a mesma oportunidade, fato que os posicionou, irremediavelmente, na condição de estrangeiros.

Nessa condição, para assuntos privados utilizavam a estrutura política institucional vinculada aos serviços oferecidos pelo corpo diplomático japonês no Brasil. Assim, os casamentos, os registros de nascimentos e a arbitragem de demandas entre imigrantes japoneses estavam nas mãos do consulado japonês (Almeida, 1945, p.160).

No que diz respeito a Pereira Barreto, devemos considerar outras dimensões do processo analisado, como as mudanças no campo da política nacional (governo de Vargas) e internacional (Segunda Guerra Mundial). A década de 1930 foi marcada por um acalorado debate político e diplomático sobre a imigração no Brasil e, em particular, sobre a imigração japonesa.[1] O governo Vargas tomou medidas restringindo a entrada de imigrantes e, internamente, estabeleceu um conjunto de medidas que visavam ao que se chamava de assimilação do estrangeiro no Brasil. Entre essas, destaca-se o controle oficial no campo escolar. Várias escolas de estrangeiros sofreram intervenção. Em Pereira Barreto, como vimos, escolas foram fechadas e só foram reabertas quando a direção foi assumida por brasileiros.

A intervenção não se deu apenas no plano da educação. As atividades econômicas da colônia também passaram a ser fiscalizadas pelo Estado brasileiro. No ano de 1935, por exemplo, o funcionamento da cooperativa agrícola ficou condicionado à fiscalização de sua produção pelo governo federal.

Tudo isso revela uma dinâmica que restringia os espaços de ação política do imigrante no Brasil e dos japoneses em particular.

---

1 A respeito da discussão travada nos campos da política institucional e diplomática, cf. Leão Neto (1989).

Pereira Barreto, então Vila Novo Oriente, era vista com muita desconfiança pelas autoridades e por intelectuais que discutiam o processo de assimilação de estrangeiros no Brasil. Tavares de Almeida (1945, p.162), político e intelectual que viveu na região de São José do Rio Preto nas décadas de 1930 e 1940, em sua obra *O oeste paulista*, um estudo antropológico pioneiro sobre a presença de estrangeiros na região de Rio Preto, registrou a presença japonesa em Pereira Barreto:

> Em menos de um lustro, na vasta fazenda Tietê se localizaram milhares de japoneses na quase totalidade recentemente chegados ao Brasil. Quem ali entrasse, seria acolhido pela surpresa de um quadro inédito. Tudo era exótico – as construções de madeiras caracteristicamente orientais, os tipos de habitação, a gente que se movimentava naquele mundo em formação. Depois foram aparecendo os elementos nacionais.

Testemunhou, pessoalmente, ao lado de outras autoridades brasileiras, a inauguração da ponte Novo Oriente:

> Na festa de recepção, fizeram uso da palavra, as seguintes personalidades: Conselho Jurídico da Sociedade Colonizadora e senador Dr. Moraes Andrade, o representante do governo do Estado, Dr. Paulo Ono, Paulo Leite, o representante da cidade de São José do Rio Preto, Dr. Paulo Ono Tavares de Almeida, o cônsul geral do Japão em São Paulo, Sr. Ichike, o cônsul do Japão em Bauru, etc. (Igi, 1978, p.65 – grifo meu)

O diagnóstico estabelecido por Tavares de Almeida, com sua presença na cidade, foi de enquistamento. É preciso considerar, no entanto, que estava entre aqueles que defendiam a presença japonesa no Brasil em razão das disposições da cultura japonesa que contribuiriam para o desenvolvimento nacional.

Como já foi observado, a criação do município e da comarca são os marcos fundamentais da mudança da dinâmica do jogo político. Os agentes envolvidos, japoneses e brasileiros, detinham um quantum de capital político diferenciado em razão do momento histórico da cidade: antes de tornar-se município, depois de tornar-se município e antes da guerra; durante a guerra e antes de tornar-se comarca; depois da guerra e depois de tornar-se comarca.

Percebe-se, pois, a redefinição no campo político. Antigamente, japoneses "mandavam". Esse poder assentava-se no empreendimento que deu a origem à cidade e de venda da terra como mecanismo de controle social (colonos e não-colonos) que sustentava o poder político no local. A hegemonia política era, nesse caso, sustentada pelo domínio econômico. Trata-se de uma homologia, como descreve Bourdieu, quando analisa agentes sociais que ocupam o mesmo lugar nas relações estruturais, mas em campos diferentes.

A criação do município e a mudança do nome de Novo Oriente para Pereira Barreto são indicativos de um jogo de forças que se processa em um campo político que transcende a cidade em si. Como já indicado, a discussão sobre a imigração tornava-se mais crítica. Além disso, a emergência do Estado Novo aprofundou as tendências nacionalistas do governo brasileiro, o que repercutiu, decisivamente, sobre imigrantes japoneses.[2]

O fato é que até hoje continua sendo um mistério o motivo pelo qual foi dado à cidade o nome de Luiz Pereira Barreto. As especulações revelam as marcas do jogo de poder e das representações que marcaram a história da cidade, mas não parecem passar pelas posições que os agentes sociais ocupam no interior da estrutura das relações sociais da cidade nem pelo crivo étnico. Isto é, existe a versão que destaca o caráter proeminente do homenageado: médico, filósofo, político. Há também a versão que explicita a desconfiança de Luís Pereira Barreto em relação aos imigrantes japoneses, ainda que essa desconfiança seja velada.

Mas essas versões não são indicativos unívocos das distinções entre os grupos étnicos que constituem a cidade. Existe outra dimensão a ser considerada. Há coisas que podem ser ditas publicamente e as que não podem. Existem, também, aquelas que *devem* ser ditas. Esta é uma constante nas relações sociais pesquisadas. A denúncia do virtual racismo de Luís Pereira Barreto em relação aos japoneses não é colocada pública nem oficialmente, fala-se de modo informal. Por outro lado, em um jornal da cidade foi publicado um

---

2 A esse respeito, ver Comissão de Elaboração (1992, p.170).

pequeno artigo sobre Luiz Pereira Barreto, de autoria de uma senhora de origem japonesa. O conteúdo foi retirado de uma Enciclopédia. Reproduzia, portanto, a versão oficial brasileira.

O CIRCUITO DAS MUDANÇAS

De qualquer modo, a implantação do município foi fato fundamental no processo de redefinição do jogo de forças no interior da cidade para que o poder institucionalizado e suas prerrogativas administrativas e políticas passassem, então, para as mãos de brasileiros. Esse acontecimento foi seguido de outros que revelam o processo pelo qual passava a cidade. Entre os mais significativos, destaca-se a mudança do nome de ruas e logradouros públicos antes japoneses, depois nacionais. Após a guerra, depois de muitos anos, algumas ruas da cidade (e até uma escola pública) voltaram a ter nomes japoneses.

Durante a guerra, o controle de autoridades públicas e dos moradores brasileiros intensificou-se. Proibiu-se terminantemente: a entrada e saída de imigrantes e de seus descendentes, reuniões, comunicação em outro idioma que não fosse o português e qualquer tipo de correspondência era censurado. Além disso, a Cooperativa Agrícola sofreu intervenção e passou a ser administrada por um brasileiro.

O jogo de forças nesse período é marcado, claramente, pelo controle exercido por brasileiros. Naquele momento, a nacionalidade funcionou como um capital mais importante, acima do econômico e do cultural. A denúncia de um brasileiro, independente de sua condição socioeconômica, era suficiente para fazer prisões, diligências em casa de imigrantes e outras arbitrariedades.

No entanto, alguns aspectos revelam a complexidade daquela situação. Em um pequeno livro, escrito em japonês, sobre a Cooperativa Agrícola,[3] é narrada a posse do novo presidente da cooperativa, fornecendo pistas de como se deram as relações entre a

---

3 O livro foi gentilmente traduzido por Riuji Katuta.

diretoria brasileira (principalmente a presidência) e os cooperados nipo-brasileiros. Dessa relação, um dos resultados mais significativos foi, depois do fim da guerra e da intervenção sobre a cooperativa, o convite para que o interventor voltasse, a convite dos novos diretores, à presidência da entidade.

Politicamente, o período posterior à guerra foi marcado por uma mudança significativa. As atividades políticas passaram a compor a agenda de interesses daqueles imigrantes e descendentes mais bem-sucedidos. Surgem então algumas lideranças políticas como a figura de Cozo Tagushi e T. Nakamura. Pecuaristas e homens de negócios passaram a dedicar parte do seu tempo à atividade política. Em todas as legislaturas da cidade, desde seu início, observa-se a presença de pelo menos um desses dois nomes entre os vereadores eleitos.

Além da esfera do poder local institucional, a colônia mantém, não obstante, a sensível diminuição de nipo-brasileiros na cidade, mecanismos de solidariedade e de organização com fortes influências das disposições culturais. A diretoria da Associação Cultural e Esportiva é a base, ainda hoje, da estrutura hierárquica da colônia. O homem mais forte da colônia é sempre o presidente da Acep.

Além disso, os mecanismos de solidariedade e os princípios éticos que regem as práticas e estratégias dos japoneses os tornavam menos dependentes do poder institucional. Em outras palavras, pode-se dizer que os mecanismos tradicionais da política brasileira no plano local têm sido eficientes em relação aos japoneses, pois não dizem respeito aos japoneses e não fazem parte de seu universo cultural nem de suas disposições.

Concretamente, os sistemas de ajuda mútua (*mojim*), os mecanismos de solidariedade acionados em ocasiões como nascimento, casamento e morte, o *miai* e, sobretudo, a aversão dos japoneses em criar laços de dependência que não fosse mútua, fizeram que prosperassem sem a necessidade da ajuda e da proteção do poder público. Mesmo que não obtivessem sucesso econômico, restavam a tradição e o espírito japonês que os distanciavam das práticas clientelistas e paternalistas do poder local, controlado por brasileiros.

Durante os quase cinqüenta anos depois da guerra, pode-se dizer que este foi o padrão das relações sociais no campo da política em Pereira Barreto. De um lado, o poder institucionalizado controlado pelos brasileiros, com a participação pontual de vereadores nipo-brasileiros e, de outro, os desdobramentos de uma estrutura de poder paralela da colônia. Não é possível dizer se competiam com o poder institucional ou se representavam ou não um segundo poder dentro da cidade. Do ponto de vista das disposições éticas, devemos considerar um princípio básico: a hierarquia. A colônia pertencia à cidade e não o inverso, ou seja, não poderiam sobrepor-se ao poder local, que lhe é hierarquicamente superior.

Se, de um lado, não competia com o poder institucional, por outro, não se articulava a ele pelas vias do clientelismo. Sua relação é pragmática. Em alguns momentos o poder institucionalizado é procurado. Não importa qual seja o prefeito, de qual partido ele seja, se recebeu mais ou menos votos da colônia. O prefeito tem atribuições em relação à cidade, a colônia faz parte dela e, portanto, faz parte do universo de estratégias a ele recorrer em determinadas situações.

CONFLITO E NEGOCIAÇÃO

A construção da usina hidrelétrica de Três Irmãos e a formação da represa trouxeram inúmeras conseqüências para a cidade e para a região de Pereira Barreto. Já foram indicados os problemas econômicos provocados pelo atraso do cronograma das obras e a inundação de áreas de cultivo. Interessa, neste momento, perceber como se deu o jogo no campo político, quais foram as forças presentes nesse embate e em que medida isso passa por questões étnicas.

O modo como as negociações foram encaminhadas deve ser compreendido a partir dos elementos culturais que informaram o confronto. A título de comparação, vale resgatar uma passagem sobre a luta de ribeirinhos e ilhéus do Rio Paraná na região de Três Lagoas e Castilho por ocasião da enchente do ano de 1983.[4]

---

4 A esse respeito, cf. Ennes (1993).

A área mais atingida pelas enchentes do Rio Paraná ficava entre os municípios de Três Lagoas (MS) e Presidente Epitácio (SP). Atingiu um contingente de cerca de 1.600 famílias de oleiros, posseiros e ribeirinhos em geral. A enchente catalisou um conjunto de enfrentamentos que tinham na terra a sua reivindicação central. Outras questões, até então latentes, emergiram e assumiram o caráter de conflito. Esse foi o caso das famílias que seriam afetadas pela formação do lago da usina hidrelétrica de Porto Primavera, uma situação idêntica à dos "japoneses" em Pereira Barreto. Também determinou problemas em torno de áreas de terras litigiosas.

A mediação assumiu contornos muito distintos daquele observado em Pereira Barreto. Naquele caso, foi assumida pela Comissão Pastoral da Terra que buscou, pela publicização das lutas, explicitar o seu caráter político: a necessidade da organização dos trabalhadores e do combate ao regime fundiário da região. Entre outras, as reivindicações do movimento político que então se configurou foram: indenização imediata das perdas; emissão imediata de títulos aos posseiros, ilhéus e ribeirinhos, para efeito de indenização; reassentamento imediato dos trabalhadores sem-terra da região; assistência (alimentação, agasalhos etc.) imediata aos desabrigados; prorrogação dos prazos para o saldo dos débitos e indenizações dos prejuízos para os integrantes do "Projeto Nacional de Aproveitamento de Várzeas".[5]

Após alguns meses de impasses, o movimento decidiu ocupar uma área pertencente à Cesp no município de Castilho (SP). Esse resultado explicita uma estratégia de luta marcada pelo enfrentamento e pelo questionamento dos poderes constituídos.

Resultado muito distinto foi observado no caso de Pereira Barreto, em que a principal mediadora das negociações entre as vítimas da inundação e a Cesp, empresa responsável pela construção da usina, foi a Cooperativa Agrícola da Fazenda Tietê na pessoa de seu presidente, Paulo Ono. É interessante notar que, com o chamado "evento inundatório" (designação criada pelo próprio Paulo Ono), obser-

---

5 Sem autor. Informativo da Barranca do Rio Paraná. *O Barranqueiro*, Três Lagoas, junho de 1983, p.1-2.

va-se sua participação significativa na imprensa local. Por meio de seus artigos (alguns deles na condição de editorial), denuncia os prejuízos, reivindica os direitos das vítimas, cobra das autoridades providências e expressa o sentimento de perda e ruptura dos agricultores, da colônia e da cidade como um todo, com suas origens.

A seguir, pois, alguns trechos de artigos escritos por Paulo Ono a respeito do "processo inundatório" e, mais adiante, como isso apareceu em alguns relatos de nossos informantes.

Nesses artigos, serão identificadas algumas marcas dos valores culturais de origem japonesa, bem como, por meio deles, tentaremos compreender como se deu a negociação no interior do campo político. A respeito de todo o processo que envolveu a formação do lago da usina hidrelétrica, o presidente da cooperativa agrícola da Fazenda Tietê, Paulo Ono, em um dos artigos, procura evidenciar as vantagens e as desvantagens do processo inundatório. Como vantagens indica a implantação de nova infra-estrutura, como poço artesiano, nova rede de esgotos, novo sistema de captação de água. Destaca, ainda, a implantação do "complexo hortifrutigranjeiro". As desvantagens seriam os questões político-administrativas, como problemas relativos à mudança de governo e da diretoria da Cesp, retardamento no cumprimento do cronograma de construção, defasagem dos valores das indenizações das desapropriações.

O autor faz ainda algumas reivindicações em relação aos "impactados": indenização de produtores agrícolas de outras áreas vizinhas ainda não contemplados; implantação de instalações mais modernas para as granjas.

O artigo finaliza explicitando a dimensão política do impasse, por meio de uma frase que seria empregada no desfecho de muitos outros artigos: "... a política é a arte de tornar possível o impossível" (*O Jornal*, 6.7.1990).

Em um novo artigo, cujo tema central é o impacto da inundação sobre o setor granjeiro da cidade, o autor relata a retração da atividade desde o anúncio do evento: "... a inserção do Núcleo Avícola ... no custo global das obras da Barragem de Três Irmãos".

O artigo revela também o tom conciliador do autor, buscando ressaltar os esforços em resolver o impasse dos funcionários do alto escalão da Cesp:

O memorial de 12 de abril de 1977 e as atas de reuniões subseqüentes entre prefeito, granjeiros e executivos da então Diretoria de Negócios Jurídicos da Companhia Energética de São Paulo, retratam de forma cabal e inequívoca a consciência e a sensibilidade dos altos escalões da Cesp pelos graves problemas levantados pelo setor avícola de Pereira Barreto ...

Também não deixa de elogiar o executivo municipal:

Ernesto Trentin, o então prefeito, jamais deixou de acompanhar "pari-passu" o equacionamento da questão e, dentro do possível, está fazendo o que pode, tentando ininterruptamente o diálogo com a toda poderosa Cesp, na exaustiva busca de alternativas para a solução definitiva da mesma.

Num artigo publicado no dia 20 de maio de 1980, discute o problema das indenizações (*O Jornal*). Em primeiro lugar, exime os funcionários da Cesp da responsabilidade das conseqüências do processo inundatório:

Entrementes, nota-se para a nossa satisfação que esse propósito arbitrário inserido na legislação desapropriatória hoje não encontra guarida nem mesmo, entre os tecnocratas ou advogados de uma empresa energética que se preze, assoberbados que ficam, por dever de ofício e consciência, na elevada, porém estafante missão de minimizar ao máximo do possível as conseqüências deletérias implícitas na esteira de um evento desse porte.

Em segundo lugar, chama a atenção para os custos sociais e econômicos. Em terceiro, explicita as dificuldades vivenciadas pelas famílias atingidas. Opõe assim a idéia do progresso econômico à dimensão cotidiana da existência humana. Essa dimensão é retomada quando estabelece que os prejuízos não são apenas econômicos, mas também "psicossociais". O autor refere-se à ruptura vivida por aqueles que com a inundação perderam parte do vínculo com o passado, com sua história de vida e com sua própria identidade.

Sugere que o desenvolvimento proporcionado pela construção da usina hidrelétrica deveria dar conta de resgatar a cidade de suas dificuldades econômicas e proporcionar às vítimas condições de prosperidade, considerando a abundância de energia elétrica produzida no município (ibidem, 22.9.1982).

Em outro artigo, recorrendo a um estilo anedótico, retoma a questão da inundação. O ponto de partida é uma brincadeira com um suposto visitante que teria perguntado como ia o "inundatório":

> – Odorico paraguaçu, é ahhhhhhhhhhhhhh ponte que te partiu ... pensei!!! Porém, submisso à conversão social, sorri amarelo e desconversei ...
> – Pois é ... as coisas não andam como a gente quer ... mas ... no fim ... tudo há de dar certo ... (O Jornal, 5.6.1985)

Interessa notar que o autor recorre a uma conduta tradicional entre os japoneses, para manter as aparências e não explicitar o conflito. Esse tipo de conduta é recorrente. Paulo Ono contou-me, em uma de nossas conversas informais, que tinha sido procurado por um professor universitário para que falasse dos problemas que a Cesp tinha causado aos cooperados e à colônia como um todo. Paulo recusou-se, contudo, a criticar explicitamente a empresa. O professor teria se irritado com a postura de Paulo Ono e, ao final da conversa, foi embora contrariado.

Em um novo artigo, na verdade escrito em forma de crônica, explicita o sentimento diante da inundação, vista aqui, mais uma vez, como responsável pela destruição de símbolos que o ligavam ao passado:

> Após cinqüenta anos de Brasil – bem vivido graças a todos o deuses – retornei à minha terra natal, no interior do país do "Sol Nascente" e das "Cerejeiras".
> Contudo, duro golpe experimentei ao certificar-me que a aldeia onde nasci estava submersa nas profunda águas de uma hidrelétrica; construída ali, segundo contritas narrativas dos rarefeitos remanescentes de minha infância.
> Os majestosos contornos das íngreme elevações – que circundavam o lugarejo – vejo-os agora refletidos, neste amplo espelho do artificialismo, que cobriu os cantos e os recantos de minha meninice.
> Fiquei ali, inerte e ensimesmado; apenas me dando conta das rugas de meus sessenta e quatro anos.
> Um amigo, contemporâneo daqueles longíquos tempos – que o tempo se encarregou de inundá-los – aproximou-se em silêncio, e em silêncio compartilhou comigo da dor de ver sepultado todo um passado que nos foi familiar.

Tudo, disse-me ele, foi prévia e devidamente indenizado pela empresa hidrelétrica, tais como: fundo de comércio ... danos emergentes ... lucros cessantes ... os imóveis ... relocadas as casas ... recompostas as atividades econômicas ... pontes ... estradas ... as infra-estruturas ... tudo, tudo ... dentro do prazo adrede conveniado entre as partes envolvidas pelo evento inundatório?

Calado, fiz menção afirmativa, como se estivesse revivendo um sonho, que não me parecia ser estranho.

Mas, o implícito do meu mutismo, falou mais do que as palavras poderiam explicitar.

Uma ave aquática em vôo sereno acariciou a quietude daquele entardecer de límpida e amena melancolia.

E, me ocorreu no instante fúlgido do esvoaçar, que aquele pássaro instintivamente se apressava retornar ao seu ninho.

E, eu, ali, mal podia vislumbrar o embaçado "pôr-do-sol", marejado que estava, com imensa saudade do abrigo que me acolheu, no alvorar de minha existência!!! (Ono, s. d. (a), p.2)

Nesse artigo, o autor retoma, como dissemos, a dimensão afetiva do problema surgido em torno da formação do lago da usina de Três Irmãos, por meio da explicitação de um profundo sentimento de ruptura com o passado provocado pelas mudanças físicas decorrentes da inundação. Nota-se, ainda, que o texto é escrito seguindo um estilo rebuscado, típico dos japoneses quando se vêem na necessidade de falar ou escrever.

Foi o capital social de Paulo Ono que o colocou na posição de principal interlocutor das vítimas da inundação ante à Cesp. Esse capital tem origem em sua trajetória de vida (filho do pastor) mas também nas novas disposições que adquire ao longo de sua vida, em particular sua habilidade em "transitar" dentro e fora da colônia. Para alcançar seu objetivo – minimizar ao máximo os efeitos da inundação –, lança mão de um conjunto de práticas tais como escrever artigos e editoriais no jornal local, reuniões, acordos políticos com o poder local, entre outros. Sua prática revela uma flexibilidade ante situações novas e a disposição de manter as vítimas, em sua maioria nipo-brasileiros, em uma situação social e economicamente favorável.

Sua participação recolocou a importância da colônia para a cidade do ponto vista econômico, já que parte considerável das atividades produtivas da cidade foi, direta ou indiretamente, afetada.

11 NIPO-BRASILEIROS/BRASILEIROS-NIPO: EXPRESSÕES DE UMA DUALIDADE

Como já observado até o momento, as relações entre brasileiros e nipo-brasileiros na cidade de Pereira Barreto têm-se matizado por situações concretas, tais como relações de trabalho, mudanças na estrutura política e administrativa da cidade, processos históricos "extracidade" (Estado Novo e Segunda Guerra Mundial), desdobramentos da construção de usinas hidrelétricas na região, entre outras. Além disso, relações que se processaram no plano do cotidiano forneceram, historicamente, novos elementos, novas disposições inscritas no *habitus* dos moradores da cidade. Nesse sentido, não foi apenas a cidade, em seu espaço físico, que sofreu modificações mas também seus moradores. Essas modificações foram produzidas na relação entre brasileiros e nipo-brasileiros no campo do trabalho, do esporte, do lazer, da família, na e pela busca da satisfação de necessidades sociais, políticas, econômicas, afetivas e estéticas.

São na e por meio dessas relações que japoneses e seus descendentes tornaram-se mais brasileiros; de diversas maneiras e modos, brasileiros, em sua grande diversidade, tornaram-se, igualmente de diversos modos e maneiras, um pouco japoneses. O que implica adquirir gostos, hábitos, valores éticos, morais e estéticos, representações, ou, em outras palavras, adquirir novas disposições. A seguir, serão pontuadas algumas das várias dimensões em que esse processo ocorreu de modo concreto.

EXPRESSÕES DO *HABITUS* NAS RELAÇÕES DE AMIZADE

Os amigos de infância de Cristina formavam um grupo de descendentes de japoneses e brasileiros. Esses laços de amizade se formaram graças ao fato de que em sua casa passava um grande número de pessoas e também porque seu avô o era, o que a aproximou das crianças vizinhas, independentemente de serem da colônia ou não.

O relato de Cristina é muito significativo das possibilidades de relacionamento que uma sansei pode estabelecer. Se, em um primeiro momento, quando brincava na rua, as relações com crianças brasileiras eram mais freqüentes, quando ingressa no universo escolar e à medida que as responsabilidades aumentam, a situação muda:

> É, teve uma fase na escola que meu grupo foi só as nisseis ou sanseis... Mas a separação não era por nível de cultura, eu era muito ... meio interesseira. A menina é mais aplicada leva mais a sério as coisas, e na quinta série era um grupo misto, você tem problemas geralmente, pois o nissei é disciplinado, chega no horário certo não falta, quando tem trabalhos em grupo você pode contar com a força de todo o mundo, não tem essa coisa de "ah porque hoje eu vou viajar", não tem disto. Então na quinta série, sexta, assim, você não escolhe muito, a partir da sétima série quando existe assim até uma cobrança da escola e dos pais sobre a gente, então começa ficar meio interesseiro.[1] Ah! Eu gosto daquela menina para ir passear comigo, mas não gosto daquela menina para fazer trabalho comigo. Então era mais por esse lado que os grupos se formavam, grupos assim de estudos.

Na verdade, é a própria noção de responsabilidade que a aproxima de nisseis e sanseis. Percebe-se que herda disposições éticas

---

[1] Idéia presente na fala de Léo Liedtke.

do *habitus* japonês quando sente a necessidade de corresponder às expectativas de seu desempenho escolar. Não obstante, mantém um espaço para relações fora da colônia. Cristina constrói um novo circuito de relações quando se trata de passear e divertir-se. Esse aspecto pode ser atribuído à herança familiar e também às relações que construiu em um primeiro momento de sua infância quando brincava com seus vizinhos.

Como sansei, viveu a mudança de julgamento da comunidade em relação aos nipo-brasileiros, fato não específico de Pereira Barreto e que se estende a todo o Brasil. Cristina acredita que não experimentou a fase em que os japoneses e seus descendentes eram discriminados negativamente. Ela recorda que na escola, e mesmo na cidade, havia admiração pelos japoneses. Relata que seu desempenho em Língua Portuguesa era um dos melhores da sala de aula:

> Uma professora de português que eu tive na quinta série, dona Gizelda, era uma professora famosa aqui em Pereira, então ela dizia que por incrível que pareça os melhores alunos de português eram os descendentes de japoneses (risos). Não é tanto assim essa dificuldade de pronúncia, falar errado, essa dificuldade não tem mais em nossa geração, então quer dizer nós aprendemos tanto quanto ... não existe nenhuma defasagem aí[2], certo? Na época da minha mãe e do meu pai esta defasagem existia, minha mãe tem até hoje dificuldade de se expressar...

Observa-se que Cristina adquire novas habilidades, como falar corretamente, o que acaba por valorizá-la no interior das relações sociais. Essas disposições, mais uma vez, são marcas da trajetória de sua própria família, em que todos falam português dentro de casa. Além disso, é necessário considerar a importância de outros fatores. A época em que Cristina nasceu e cresceu foi fortemente influenciada pela televisão, o que implica uma nova possibilidade e um novo espaço do meio de comunicação dentro de casa. Os mais velhos não tiveram o mesmo acesso à TV e ao rádio, principalmente pelas dificuldades do idioma.

---

2 Pode ser entendido como expressão do *habitus*.

RELAÇÕES INTERÉTNICAS COMO OBJETO DE REPRESENTAÇÃO

Existe uma representação básica a respeito do relacionamento entre brasileiros e japoneses na cidade. O passado é representado como momento em que as relações eram mais conflituosas e as diferenças mais evidentes:

> os japoneses não se misturavam. E antigamente, os japoneses coitados, no começo da colonização, quando os japoneses chegaram, eles tinham o apelido de bode. Por que bode? Porque eles exalavam um cheiro forte, acho que é por causa da comida, daquela comida fermentada, essas coisas, então tinha o apelido de bode. Então "ô bode!, ô bode!". Eu nunca chamei de bode e nem de japonês (com ênfase) porque eu acho um desrespeito, porque assim como eles eram japoneses eu era descendente de alemão também, você é descendente de outra raça, o preto do africano e todos nós somos descendentes de estrangeiros. Só tem o índio que é brasileiro mesmo, o resto tudo descendente de estrangeiro. (Léo Liedtke)

Essa é uma fala de um filho de alemão e como tal se identificava com o japonês, ambos eram estrangeiros. O apelido de bode era muito empregado e, pessoalmente, presenciei amigos e amigas da adolescência utilizando-o para desmerecer os japoneses da cidade. A explicação da origem do apelido dado por Léo Liedtke é extremamente significativa: os alimentos e os modos de seu preparo, segundo a tradição japonesa, acabam por deixar marcas no corpo sob a forma de um odor estranho, ruim para quem não compartilhasse dessa mesma tradição.

As relações teriam começado a melhorar a partir do final da Segunda Guerra Mundial, que provoca a decisão da permanência definitiva no Brasil e coincide com a instalação da comarca na cidade e com a constituição de uma classe média branca e ilustrada:

> – E como é que era a convivência, vocês que eram filhos de brasileiros eles eram filhos de imigrantes japoneses, havia alguma diferença de tratamento?
> – Olha, antigamente a colônia japonesa era muito reservada, eles eram eles e nós éramos nós, não tinha mistura, não falava de casamento com brasileiro, isto nem existia ... – responde Léo Liedtke.

– Freqüentava a mesma escola, mas não havia envolvimento?
– Não, depois tinha o clube dos japoneses, o Acep e tinha o Cap que era de brasileiros, mas devagarinho foi misturando, foi misturando. Depois tinha muitos japoneses no Cap e muitos brasileiros no Acep.
– Tem baile no Acep, tem baile no Cap e ...
– Todos vão, hoje já se misturam brasileiro com japonês. Agora antigamente, ah! não podia uma japonesa namorar um brasileiro de jeito nenhum, tudo era contra.

Se as diferenças e as distâncias tornavam-se menor com o passar dos anos, elas não desapareceram por completo. A trajetória e o depoimento de Nilton são bastante significativos dos novos padrões de relacionamentos entre brasileiros e nipo-brasileiros. Assim como Cristina, Nilton criou na escola um círculo de amizade que compreendia tanto crianças e adolescentes de origem japonesa como de origem brasileira. No entanto, a origem de Nilton é diversa da de Cristina, ele é filho de pernambucano barreiro. A origem e posição ocupada por seu pai no campo econômico e social estabeleceram os limites de sua relação com os colegas nipo-brasileiros:

– E como é que era na escola, eram maioria brasileiros, havia bastante imigrantes japoneses também?
– Havia muito japonês.
– E como é que era o dia na escola...
– Eram um pouco diferentes né, mais quietos, sérios do que a gente brasileiro. A gente é mais extrovertido mais bagunceiro mesmo. Era bom o relacionamento com eles, inclusive tive vários amigos sanseis.
– Mas chegou ter amizades mesmo na escola ...
– Tive...
– Em todos os sentidos, tipo assim de fazer trabalhos juntos ...
– Trabalho junto, tudo... depois que nos separamos, a gente se correspondia ... É assim, depois que separou de classe a gente se correspondia.

Percebe-se que, embora Nilton tenha consciência de suas diferenças com seus colegas sanseis, construiu laços profundos de amizades a ponto de manter correspondência com aqueles que deixavam a cidade. Não obstante, essa amizade sofria algumas interdições. Perguntei-lhe se freqüentava a casa de seus amigos sanseis e se eles visitavam a sua:

– Recebia... Não apesar de que na casa deles, assim, eu nunca fui. Eu ia muito num rapaz que estudou comigo, esse eu ia sempre na casa dele, né, e na casa dele não tinha discriminação, assim, não. Agora os outros eu tinha mais contato na escola, trabalho (escolar) no período escolar. Agora de ir nas casas, eles vinham mais na minha, nunca acostumei na deles não. Eles são muito rígidos...
– Mesmo os sanseis?
– Mesmo os sanseis, eles preferem que se relacionem mais com a raça deles, né. Isto aí é um pouco fechado, mesmo hoje é ainda um pouco fechado.

A relação se dá em meio à familiarização e ao estranhamento. Há a casa de um amigo que freqüentava sem que sentisse discriminação. Mas era exceção, na maioria das vezes recebia amigos em casa, mas não se sentia à vontade para visitá-los.

FAMÍLIA COMO CAMPO DE RELAÇÕES INTERÉTNICAS

A família pode ser pensada como um subcampo social no qual se observa o processo de troca e aquisição de disposições. Nesse particular, a trajetória de Maria Antonia é bastante ilustrativa.

Como já visto, o contato com a família Miura teria ocorrido após a separação entre pais biológicos, momento em que sua mãe procurou emprego no hotel, onde então passou a viver. Nessa época, Maria Antonia estudava e cumpria algumas tarefas no hotel como cuidar e brincar com os filhos dos hóspedes.

Com a mudança da mãe e dos irmãos para a cidade de São Paulo e com sua permanência no hotel, seu pai a teria procurado para levá-la para Araçatuba. Este seria um momento fundamental para a aproximação de Dona Maria Antonia com a família japonesa:

> Ela [a mãe japonesa] questionou muito meu pai e queria saber por que ele queria me levar para Araçatuba, aí meu pai disse que ele queria me levar porque ele queria que eu continuasse estudando e fosse alguma coisa. Ela virou e falou assim: "não se for isto, acho que a melhor pessoa para encaminhá-la sou eu". E ela não abriu mão de mim, e ela foi ao juiz, naquela época eu me lembro que ela foi, assinou a minha guarda, responsabilizando-se, e a partir daquele momento ela não me considerou uma pessoa estranha na casa, ela me considerou como uma outra filha dela.

O estreitamento dos vínculos entre Maria Antonia e os Miura aprofunda-se com os obstáculos e as necessidades sentidas pelos dois lados. Pereira Barreto na época não tinha escolas de segundo grau. As famílias que tinham condições financeiras mandavam seus filhos completar os estudos em cidades maiores. No caso da colônia, existiam alguns mecanismos que minoravam as dificuldades econômicas e viabilizavam a continuidade dos estudos. No caso de Maria Antonia, o acionamento de mecanismos de ajuda no interior da colônia e sua mudança para a cidade de Lins permitiram que desse continuidade a seus estudos. Os gastos com o colégio foram arcados pela família Miura e o alojamento ficaria por conta de outra família japonesa que a recebeu como hóspede.

Após a conclusão do Normal, Maria Antonia retorna a Pereira Barreto. Sua relação com a família Miura torna-se, então, mais estreita. Além de lecionar nas escolas da cidade, exerce funções de grande responsabilidade nos negócios da família, como o controle do caixa do hotel. Maria Antonia faria, ainda, o curso superior, período em que estudava à noite e, durante o dia, trabalhava no hotel.

Ser considerada como filha implicou um conjunto de responsabilidades. A guarda legal aprofundou o compromisso mútuo e as obrigações recíprocas.

Por outro lado, a atribuição de responsabilidades parece estar intimamente imbricada com sua condição de privilegiada dentro e fora do grupo familiar: "E a Nenê, vamos ouvir a Nenê, para ver o que a Nenê fala".

Maria Antonia busca ressaltar o peso de sua opinião nos momentos de decisões da família. É evidente que não tomava as decisões sozinha nem mesmo dava a última palavra, mas fica evidente que foi inserida dentro da estrutura das relações da família. Sua opinião é necessária como membro da família. A frase reproduzida acima abre uma "brecha" na relação familiar que nos permite perceber que ao lado do aumento das responsabilidades também se desenvolviam relações de afetividade, como fica expresso em seu apelido: Nenê.

Maria Antonia parece, assim, cumprir uma tarefa vital dentro da família: a intermediação entre os pais e os filhos.

Ela (mamãe-san) sempre pedia, havia certos assuntos que ela pedia: "Nenê, você com meninada conversa, eles acompanham, entendem. Mamãe, papai falando às vezes não dá certo, então você resolve...".

A identificação com os filhos biológicos do casal passa por sua condição. Tal como ela, eram jovens e brasileiros. Percebe-se sua importância na intermediação de possíveis conflitos entre pais e filhos. Maria Antonia fala e resolve, garante a manutenção da coesão familiar.

A importância de Maria Antonia para a família Miura volta a aparecer por ocasião da fuga do filho primogênito com uma moça brasileira. Havia outros membros da família que poderiam mediar a situação, mas foi Maria Antonia a escolhida. Embora estivesse do lado do primogênito, transmitiu a decisão dos pais, segundo os quais deveria abandonar a moça e voltar para casa. O rapaz, por sua vez, acatou a decisão e retornou para Pereira Barreto:

> Aí nesse momento eu questionava com mamãe-san, e falava "mamãe como é gozado, mamãe não quer brasileira aqui, por que então estou?"
>
> "Você é diferente, você é outra coisa, outra história, você o seu direito é este aqui dentro." Então não dava para mim entender isso aí, ela era racista mesmo.

Os motivos da atribuição de seus papéis no interior da família parecem não estar claros para Maria Antonia. Sua aceitação pelos Miura aparece em seu relato como privilégio inexplicável:

> Agora eu admirava assim, depois que eu comecei a ficar maior, que eu cresci, a aceitação deles comigo por eu ser de cor, por se tratar de uma família japonesa. Mas eles tinham mesmo um carinho por mim, porque se acontecesse alguma coisa comigo, nossa! Eles queriam, eles eram muito em cima, me defendiam como se fosse uma parte da família qualquer coisa deles... Isto aí às vezes eu paro e fico pensando comigo mesmo, eu acho que sou privilegiada. Eu acredito que sou privilegiada. Toda noite eu deito, agradeço a Deus, levanto, peço a Deus. Pois, mesmo eu convivendo com eles, mesmo eu convivendo ali com eles, comigo nunca teve uma rejeição, nunca teve preconceito em nada comigo. Mas japonês não é fácil de se dar com qualquer um, então eu acredito que a confiança que eles depo-

sitam em mim ... eu não sei, não sei o que é isto... não sei, não sei contar, não sei explicar eu sempre me considerei uma pessoa privilegiada.

Estão claras para Maria Antonia suas diferenças em relação à família japonesa. Ela conhece também as representações e as práticas mais típicas dos japoneses sobre as diferenças raciais. É o que torna, para ela, mais inexplicável a sua aceitação pela família. Não era apenas aceitação no sentido da convivência, mas da afetividade e da proteção. Como alguém "de cor" como ela poderia fazer parte de uma família japonesa? As reticências e as lacunas de sua fala indicam que não tem certeza das causas. Preferiu, neste momento, atribuir à vontade divina. Reza sempre para agradecer seu "privilégio".

Considerar sua aceitação como tal é indicativo da posição que as práticas e representações da família e dos japoneses, em geral, ocupam em sua escala de valores. Isto é, estabelece uma valorização positiva das práticas e representações dos japoneses, o que pode implicar a incorporação de parte desse universo em seu *habitus*. Mesmo porque a importância da família Miura para Maria Antonia é também material, foi a família japonesa que lhe proporcionou estudar e alcançar o *status* social que possui na cidade.

Logo em seguida ao trecho acima reproduzido, Maria Antonia retoma essa questão e busca especificar melhor as causas de sua aceitação:

> Eu sinceramente não sei explicar, não sei se foi quando ela me viu desde pequena, quando ela percebeu que eu estava sem pai, só com minha mãe e minha mãe com aquele monte de filhos e que eu não tinha preguiça para nada, sempre fui de fazer qualquer coisa, não tinha preconceito de serviço. Mesmo eu me formando para professora, lá no hotel, mesmo me formando para professora, quando faltava empregado eu ia para cozinha. Eu pedia para ajudar a cozinhar, lavar fogão, lavar cozinha, eu não tinha essa... Japonês é muito assim, japonês é muito trabalhador, muito trabalhador, sabe, dessa parte eu tive e tenho, eu gosto de trabalhar, gosto mesmo.

Sua disposição para o trabalho talvez esteja mais perto da explicação. Mas não é, como já vimos, o único fator. Essa predisposição, cuja representação aparece com matizes do espírito japonês – realizar qualquer tipo de trabalho independentemente de sua condição profissional, o que expressa a priorização do coletivo –, foi adquirida no convívio diário com a família e funcionou como fator de estreitamento dos laços com a família, seja do ponto de vista da prosperidade econômica e do *status* social, seja no campo da afetividade.

A presença de Maria Antonia foi estratégica para a família Miura em outro sentido. No momento em que começou o negócio do hotel, a cidade de Pereira Barreto vivia a fase de maior esvaziamento da colônia, o número de hóspedes japoneses tornou-se cada vez menor e na cidade o comércio começava a mudar de mãos. A situação apontava para as dificuldades do convívio com hóspedes brasileiros – comerciantes brasileiros e de outras nacionalidades – e com uma cidade cada vez mais brasileira também.

Sua diferenciação estava associada a seus direitos, que por sua vez estavam associados aos papéis que desempenhava no interior da família e que, também, estavam associados aos motivos de sua adoção. Por outro lado, é bem conhecida a importância do primogênito na família japonesa. Cabe-lhe cuidar dos pais, quando estes se tornarem velhos, e administrar a herança da família. Pela fala de Maria Antonia pode-se perceber que parte do problema passava pela obrigação de prestar contas à família que ficou no Japão. Na verdade, o que está em jogo é a manutenção e reprodução da linha de ancestralidade, cujo significado e importância transcende o grupo como núcleo familiar e, muito mais, o desejo do primogênito. Linha de ancestralidade não pertence apenas à parte da família que estava no Brasil mas também à parte que estava no Japão. A adoção de Maria Antonia não ameaçava a continuidade da família; ao contrário, ampliou as possibilidades de obterem sucesso econômico.

> Aí ela falava assim para o povo "sabe o que foi esta aí, esta filha foi assim, na hora de eu preparar leite então em vez de eu preparar leite acho que preparei café e então é que nasceu esta filha. Mas esta filha ela colocava no lugar, por exemplo, tinha a mais velha e depois tinha eu, esta segunda filha, mais uma filha, mas foi errar na hora de preparar leite, fez café..." Ela comentava, sabe?

Percebe-se, por outro lado, que a tendência geral das famílias nipo-brasileiras era a da reprodução dos valores tradicionais japoneses. É verdade que isso era muito mais forte antes do desfecho da Segunda Guerra Mundial, fase em que os imigrantes, em sua maioria, acreditavam que voltariam para o Japão. Mas é também correto afirmar que, mesmo após a derrota do Japão, essas mesmas disposições foram utilizadas para garantir a integração e a ascensão social no Brasil. Assim, o imigrante e seus descendentes passam a vivenciar uma situação dual: expressões da etnicidade de brasileiros e japoneses.

Para visualizar essa situação, considerando suas múltiplas possibilidades, é importante observar os relatos de Jorge Wako, Cristina Ono e Nilton Cesar do Nascimento. Como é sabido, Jorge Wako é nissei. A educação que recebeu dos pais foi toda ela com base nas tradições e valores japoneses. Havia em sua família a certeza de que voltariam ao Japão logo que acabasse a guerra, supondo-se a vitória japonesa.

As marcas da educação que recebeu podem ser constatadas na dificuldade de comunicar-se. Embora tenha nascido no Brasil e aqui vivido toda a sua vida, expressa-se com muita dificuldade em português:

– Certo. Como é que foi a educação que o seu pai deu para vocês? Eles acreditavam ...?
– Ah! Foi só Japão.
– Foi só Japão?
– É. Porque se acaba a Guerra, nós íamos para o Japão de volta.
– É. Era a esperança dele?
– É. Então. Foi e ensinou de casa mesmo. Ensinou negócio de escrever, de falar. Tudo isso ... No tempo de guerra nós não estudamos. É, japonês, a gente (eu e mais um outro filho) entendemos bem. A gente lê o jornal aí ... tudo japonês ... é tudo japonês. Então, brasileiro, eu sou brasileiro e tem que estudar brasileiro, negócio brasileiro.

Essa realidade não se repetiria com tanta ênfase nas gerações seguintes de sua família. Mas também não foi abandonada por completo já que seus netos, mesmo que na opinião de Jorge Wako estejam muito distantes da representação que possui sobre o que é ser japonês, ainda estudam o idioma e utilizam métodos de aprendizagem de origem japonesa.

Essa complexidade explicitada nos relatos acima ganha novos contornos com a trajetória de Cristina Ono. Por ser de origem anglicana, as disposições que orientam as práticas e as representações sociais da família se apresentam de um modo aparentemente contraditório: se, de um lado, se orientam por valores cristãos, por outro mantêm os de origem japonesa. Essa situação é bem ilustrada com o relato de Cristina:

> – Mas não há nenhum tipo de orientação por parte de seus pais, com relação ao casamento, no sentido de você casar dentro da colônia?
> – É ... eu acho que fica meio chato para eles falarem isso, porque, sendo uma família cristã, então tem que falar que todo mundo é igual, que todo mundo é filho de Deus, entendeu? Agora chegar, entrar e falar que você não pode casar, não pode namorar, não sei o quê ... ele não pode, pode até pensar, mas não pode chegar e impor isso normalmente, porque isto foi colocado na cabeça deles, e eles têm que passar isso pra gente. Então não podem cobrar. Mas meu pai fala assim "mas olha, se o casamento não der certo o azar é teu".

É uma situação de tensão em que os valores culturais de origem japonesa, no caso particular da família Ono, devem prevalecer, como prevaleceu a opinião de Paulo Ono ao desaconselhar um de seus filhos a namorar uma moça de origem indígena.[3] Interessa notar, no entanto, que a necessidade de intervenção do pai sobre a possibilidade de um casamento fora da colônia foi colocada, o que, por sua vez, revela que seu filho havia adquirido disposições "estranhas" ao universo de sua família. A situação se torna mais complexa ainda se for considerado que o primeiro namorado de Cristina não foi de origem japonesa, mas alemã. Nesse caso o namoro foi permitido. O que está em questão, portanto, é o capital social dos virtuais namorados, nesse caso informado pela origem étnica: indígena não pode, mas alemã sim.

Em uma ocasião Paulo Ono relatou-me sobre as dificuldades de casar-se fora da colônia. Disse-me que, particularmente, sentiria falta e necessidade de uma alimentação dentro dos patrões da culi-

---

3 O filho mais novo de Paulo Ono, formando em Odontologia, é oficial do exército brasileiro na Amazônia.

nária japonesa. Não seria apenas um problema de paladar mas também uma exigência do organismo: "Chega um momento que seu organismo irá sentir falta de uma comida sem sal, com pouco tempero...". Isso revela que critérios de casamento não seriam apenas morais, sociais, econômicos, afetivos mas também de ordem fisiológica.

O caso de Nilton Cesar é o inverso. É o brasileiro que casou com a sansei. Como já apontado, o seu casamento, embora inicialmente não aceito pelos pais da noiva, colocou-o, em um segundo momento, no circuito de relações sociais do universo nipo-brasileiro, o que ficou expresso em sua experiência como dekassegui, em sua admissão na cooperativa, no Acep e em atividades culturais da colônia na cidade. Mas, por outro lado, o seu casamento pressupõe disposições estéticas e afetivas que o aproximassem de sua noiva e vice-versa:

– Então vamos falar sobre o seu casamento. Você casou antes de ir, né?
– Isso.
– E como é que você a conheceu?
– Ah ... brincadeira de vizinha, estava tendo uma festa na vizinha. Aí eu conheci lá.
– E como é que foi a parte do relacionamento, a parte dos pais?
– Os meus pais aceitaram bem, né. Mas os pais dela ficaram contra. É novo, é brasileiro e tal. Porque ela não foi criada pelos pais, ela foi criada pelos avós. Os pais se separaram quando ela era pequena. Então foi criada de modo muito rígido, mais rígido ainda. Então eles não queriam rapaz brasileiro, novo ainda né. Eles eram contra.
– E como foi o retorno, como é que foi feita a reaproximação?
– Ah! veio o neto, né. O neto reaproxima. Foi por causa do neto, mesmo.
– Vocês têm um filho, quantos anos ele tem?
– Um ano e sete meses.
– Ele nasceu depois da volta do Japão?
– É, depois da volta do Japão.
– E como está sendo a criação de seu filho, ele vai ter alguma coisa da cultura japonesa?
– Ah, vai ter sim. Porque, por exemplo, ele vai na casa dos avós, eles só conversam em japonês com ele.
– Então ele só conversam em japonês, e você fala alguma coisa?

– Alguma coisa eu entendo.
– Então você acha que alguma coisa ele vai ter?
– Ah, vai. Porque aqui eles realizam muitas atividades esportivas para a colônia mesmo, né. Então eles já levam. A minha esposa, por exemplo, participa muito do Acep, é o nosso clube, dos japoneses. Então ele sempre indo, estão levando ele, então eu deduzo que...
– E o que você acha, é bom?
– Eu não tenho nada contra não. Porque ... como eu posso dizer, porque quanto mais cultura aprender melhor, né.
– Só um parêntese, que tipo de atividade eles mais realizam no Acep?
– Dança, atletismo.
– Então você acha que nesta parte, do aspecto cultural, das danças etc., mas em termos de... Que eu saiba existe uma hierarquia muito forte dentro da família japonesa, os mais velhos sempre estão comandando a família, as mulheres ocupam um papel próprio, você acha que isto é reproduzido no seu casamento?
– Não, nesta parte, não.
– Certo. E no que ela é brasileira?
– (risos de ambos, Nilton Cesar do Nascimento fica constrangido) Ah, aí já fica, ah difícil falar nisso ...

Nesse diálogo, é possível observar o quanto é difícil precisar os limites entre o universo nipo-brasileiro e o brasileiro. Melhor dizendo, o diálogo explicita no que foi dito e no que não foi dito a dualidade, a condição de ser brasileiro e japonês. Afinal quem é mais japonês e quem mais brasileiro?

O MOJIM

O *mojim* é uma prática tradicional e remonta a períodos bastante remotos da história do Japão. No Brasil foi fator de grande importância para a ascensão social e econômica dos imigrantes e seus descendentes. Consiste na formação de um grupo que realizava periodicamente coleta de dinheiro. A soma era obtida por meio de sorteio ou segundo as necessidades dos membros do grupo. Trata-se de um mecanismo de ajuda mútua não institucionalizado e baseado nos códigos de honra de seus participantes.

Esse mecanismo foi vivenciado por Maria Antonia como membro da família Miura:

Tem aquele negócio de *mojim*, que eles fazem é este negócio assim, monta um grupo que faz depósito depois tem uma vez lá que cada um é que tira, então ele me chamou: "Nenê, colônia vai abrir isto, isto e isto". "Então eu entrou, mamãe." "Sueko entrou, então eu coloquei Nenê, tudo bem?" Ele falava. Eu falei "mas como é que é papai-san?" "É assim todo mês" – eu não me lembro quanto é que era que tinha que dar não – "eu pego com você tantos reais, tantos cruzeiros todo mês e quando a sua vez chegar a sua vez você tira o dinheiro." Ele falava assim para mim. "Tudo bem papai-san, se for assim então tá, eu entro."

Participar do *mojim* implica aceitar e respeitar seu código básico, que é a honra. Elemento implícito na aceitação de Maria Antonia na família Miura e no fato de ter participado de outros mecanismos de solidariedade no interior na colônia, como foi demonstrado na ocasião em que estudou em Lins.

Maria Antonia valeu-se assim desses mecanismos que garantiram sua ascensão social. Também recebeu, como membro da família, um terreno como herança.

A adoção pela família japonesa e a inclusão dela no circuito de relações de ajuda mútua funcionaram como fator de capitalização social e para que fosse reconhecida e aceita pela colônia japonesa.

Outras passagens do seu relato explicitam sua boa relação e o seu fácil trânsito no interior da colônia. Mesmo após ter deixado a casa da família Miura e ter se casado, mantém relações com pessoas de sua idade, com as antigas amigas de papai-san e mamãe-san: "Elas fazem assim, quando tem dança, quando tem aquele negócio de cantar, elas mandam convites, recados, elas telefonam que é para eu ir".

Maria Antonia enfatiza a sua presença em cerimônias e festas da colônia. Não estaria presente simplesmente como espectadora, mas como personalidade. Relata as homenagens recebidas quando pode comparecer aos eventos. Sua participação em festas e cerimônias bem como o modo como é tratada expressam suas relações de reciprocidade para com a colônia.

O universo simbólico e material, como disposições práticas e representações, tornou-se parte da vida de Maria Antonia. É o que revela alguns de seus hábitos, como a alimentação:

para minha secretária em casa eu falo: – "ô fulana, Marilda, ah! mais eu estou com vontade de comer comida japonesa, sabe que jeito? eu falo para ela". "Você faz aquele arroz sem sal ..." eu digo a ela que ganhei uma coisa que é para comer com arroz sem sal. Eu não fico sem shoyo, sem nada.

Essa fala é bastante ilustrativa da porção japonesa que há em Maria Antonia.[4] O gosto pela comida japonesa é indicativo da dimensão e do quanto os costumes japoneses estão inscritos em seu *habitus*:

> Então eu me sinto japonesa, um pouquinho de japonesa. Por exemplo, igual aqui na escola, se preciso de alguma coisa ... eu sem receio nenhum, eu chego por exemplo aí no seu Rachimi, bem antigo aí, a mulher dele é bem antiga, eu falo: "Dona Rosa, eu estou precisando de uns talheres...". Ela tira do dela, lá do restaurante, ela diminui o dela, mas ela não fala não para mim, sabe.

Esse sentimento de pertencer à colônia não implica a ruptura com o universo não-nipônico. Maria Antonia não casa dentro da colônia. Quando indagada se haviam intermediado seu casamento pelo *miai*, diz que os japoneses confiavam nela por saber que tinha "juízo". Ela não parece perceber, pelo menos sua fala indica isso, que a realização do *miai* não passa por essa questão moral e sim pela necessidade de reprodução e ascensão social do grupo familiar. Como tal, o *miai* deve trazer benefícios para ambas as partes, para a família do noivo e da noiva. Desse circuito, Maria Antonia não participou. Foi estratégica para a família, facilitou os negócios com os brasileiros, ajudou na relação entre pais e filhos. Foram suas disposições e seus atributos físicos que não a colocavam no circuito das relações de casamentos no interior da colônia. Não passa pela falta de confiança, ou pelo preconceito, passa pelas circunstâncias e pelas tradições e pela ausência de um capital específico para atuar nesse campo.

---

[4] Principalmente se considerarmos a entrevista de Paulo Ono a respeito da importância da alimentação como parte do universo japonês.

O ESPORTE: TROCAS SIMBÓLICAS E AQUISIÇÃO DE DISPOSIÇÕES PRÁTICAS

Outra prática muito comum entre os nipo-brasileiros são os esportes. Há vários relatos orais e escritos que trazem registros a esse respeito. Em Novo Oriente, eram praticados esportes tradicionais, como o sumô, e também esportes mais universais, como o atletismo e o vôlei. Segundo Léo Liedtke, embora as atividades esportivas fossem promovidas pela colônia, não havia impedimentos explícitos para que jovens de outra origem étnica viessem praticar. Perguntei se um jovem brasileiro seria aceito pelos nipo-brasileiros:

> Ah! seria recebido, participava do mesmo jeito. A prova é que eu participei do atletismo deles, do beisebol, do judô, eu fui campeão do judô também, judô não, sumô, aquele do círculo. Porque judô nem tinha naquele tempo, era só sumô. Era por idade, então eu sempre ganhava porque eu era maior de todos e levava vantagem do peso, porque naquela luta vale muito o peso. Então eu participava de tudo. Mas dentro da raça deles, se eles pudessem pôr a gente de lado eles poriam. Naquele tempo, hoje não sei como é que tá...
> Então dentro da parte esportiva, agora no tempo dos japoneses o esporte era levado muito a sério. Ali era praticado o esporte mesmo, a corrida. Tinha uma hora na aula, como hoje tem a educação física. Tinha aquela hora que era dedicada ao esporte, então já ia de calçãozinho camiseta: "vamos correr, vamos ver quem é mais rápido", isso e aquilo e ia fazendo a seleção. Então o esporte ali, embora cidade fosse pequena, sempre teve um esporte bem forte. Porque a gente se dedicava mesmo. Eu não sei, a cidade era pequena, mas a gente tinha uma sociedade forte, um povo que hoje parece que desapareceu, uma mocidade sadia, uns rapazes atletas bons.

A prática de esporte parece ter sido um dos meios para a construção de relações de amizade e coleguismo entre os jovens de diferentes origens étnicas na cidade:

> Não, não. Tinha amizade. Eu comecei a praticar esporte dentro da escola dos japoneses, onde aprendi salto em altura, salto com vara, salto de extensão, até eu peguei a seleção da noroeste que ia de Pereira Barreto até Bauru, jogando beisebol. Eu era o único brasileiro que

jogava beisebol. Porque o beisebol no Brasil é um esporte praticado por japoneses, né.

Assim, o esporte tem sido uma tradição da colônia na cidade. No projeto inicial da cidade já estava contemplado o espaço físico e a infra-estrutura para sua prática. O esporte exerce um papel funcional no interior da colônia no sentido de reforçar a disciplina dos indivíduos e a coesão do grupo, bem como sua afirmação social.

As modalidades contemplam os esportes mais adequados à realidade da colônia, seja pela tradição, como o sumô, seja pelas facilidades em termos de infra-estrutura e de recursos financeiros, como o atletismo. Por outro lado, observa-se a ausência de esportes nacionais, em especial o futebol. Não havia campo de futebol nem notícias sobre sua prática no interior da colônia. Embora fosse objeto de desejo das crianças e jovens nipo-brasileiros, eram desencorajados pelos pais.

Paulo Ono gostava de futebol:

> Meu pai não deixava jogar futebol. Jogava escondido. Sabe o que meu pai falava? "Futebol é para macaco. Porque bola é para se pegar com a mão, né."
> Aí eu falei para ele: "Olha, futebol é tão gostoso jogar e tão barato que um dia o Japão...".

A prática de esportes indica como as relações entre brasileiros e nipo-brasileiros eram ambíguas. Mesmo por serem atividades organizadas por esses, os brasileiros não eram impedidos de participar mas também não eram espontaneamente chamados para fazer parte dos treinamentos e competições e de outras atividades esportivas.

A IGREJA ANGLICANA: INTERSEÇÃO INTERÉTNICA

Outro aspecto curioso da história da cidade é a instalação de uma paróquia da Igreja Anglicana, cujo pastor era japonês. O primeiro pastor foi o reverendo Estevão Chegeiro Iuba, que chegou à cidade no início dos anos 30. A criação da paróquia, segundo o depoimento de Paulo Ono, filho do pastor Ono que sucedeu o reverendo Iuba, está relacionada com a preocupação das autoridades japonesas, ligadas à emigração, em criar pontos de interseção com a cultura brasileira, reconhecidamente cristã. Faltou a eles, no entanto, maior clareza sobre a diversidade das religiões cristãs existentes no Brasil. Nessa mesma direção, a paróquia passaria a administrar uma escola infantil a partir dos anos 50:

> E depois veio para a comunidade de Pereira Barreto. A última coisa que ele fez, quando ele chegou em Pereira, ele já estava "meio baqueado", cansado. Ele foi preso durante a guerra e tal. Mas ele sentiu muita coisa aqui na colônia. De cara, o grande problema da colônia japonesa, principalmente de seus descendentes, era a integração da colônia com a sociedade brasileira. Então, o que ele fez, ele fundou a Escola Educacional Infantil de Pereira Barreto, mais conhecida como Santo André. (Paulo Ono)

A preocupação do pai em fundar uma pré-escola revela a vontade de intervir na estrutura da comunidade local. A Igreja em si não cumpriu seu papel inicial, de aproximação cultural, já que a população local era majoritariamente católica. Ao contrário, funcionou, algumas vezes, como fator de diferenciação cultural.

A aproximação desejada, como expressão do preceito da cordialidade, e também como estratégia de posicionamento no campo social, veio sob a forma de uma escola infantil.

Pode-se dizer que ela revela a preocupação em "integrar" a colônia na comunidade, mas também de aumentar o capital social ante as relações sociais na cidade. Desse modo, compreende-se a fundação da escola como mecanismo de capitalização social.

O reverendo Ono assume, assim, uma das tarefas prioritárias dos nipo-brasileiros: a educação. A fundação da escola aparece como uma forma de integração da colônia, grande preocupação do grupo após a guerra. Traz implícito, também, a preocupação com a educação como o principal meio de ascensão social. De fato a Escola Santo André tornou-se referência na cidade, freqüentada por sua elite. Até hoje familiares de Paulo ocupam cargos de direção na escola.

A história e a trajetória da família Ono na cidade começam, portanto, pela presença do cristianismo na colônia. A combinação do anglicanismo com os elementos do *ethos* japonês informam o *habitus* da família. A trajetória dos irmãos de Paulo Ono é bastante ilustrativa:

minha irmã Ana, diretora da Escola Infantil, professora aposentada da rede estadual; eu tenho um irmão que é empresário da Vera Cruz; a Ester que é bioquímica, lá em Curitiba, o meu irmão que é médico... .

De um lado, percebe-se a importância da religião como mecanismo de posicionamento socioeconômico: irmãos trabalham em hospital evangélico. De outro, todos estão em Curitiba, capital do Estado do Paraná, o que demonstra maior mobilidade social, o que não foi permitido a Paulo. Assim, esse trecho do relato indica que um dos traços da tradição japonesa entre o primogênito é "sacrificado" em favor dos mais jovens. Todos os seus irmãos têm formação superior e exercem profissões liberais. Paulo seguiu carreira militar e tornou-se presidente da Cooperativa Agrícola da Fazenda Tietê em Pereira Barreto.

Essa combinação – anglicanismo e origem japonesa – teve a mesma importância para Cristina, filha de Paulo Ono. Foi graças a ela que Cristina foi convidada para estudar em uma das universidades da Igreja Episcopal no Japão. Durante três anos, seu circuito de relações sociais foi profundamente alterado. O convite e a estada de Cristina na universidade no Japão estavam ligados ao fato de ser descendente de japoneses e de ser cristã. O papel de Cristina na universidade japonesa, segundo seu relato, seria fundamentalmente servir de exemplo de compaixão, de postura cristã e como alternativa ao que Cristina chamou de competitividade e de falta de afeto.

BON-ODORI: RECRIAÇÃO DE PRÁTICAS SIMBÓLICAS

O significado original do *Bon-Odori*, uma tradição japonesa milenar, é a homenagem aos mortos. No Brasil é, em geral, realizada no mês de agosto. Em Pereira Barreto, a festa do *Bon-Odori* faz parte das atividades de comemoração de aniversário da cidade e é realizada no último final de semana de julho. A festa é realizada no clube de campo da colônia situado às margens do Rio Tietê. A pista do *Bon-Odori* de Pereira Barreto é considerada a melhor do Brasil e é composta pelo *Yagurá* (palanque onde ficam os músicos), sob o qual ficam cadeiras para que os dançarinos convidados possam descansar. A "pista de dança" tradicionalmente circular é totalmente cimentada e é coberta por *Tiotim*, lanternas de papel colorido que trazem, no idioma japonês, mensagens e pensamentos de empresas e de famílias da colônia.

A festa é freqüentada por toda a cidade e as famílias mais tradicionais, de origem japonesa ou não, sempre reservam uma mesa para os dois dias de festividades. Além da coreografia tradicional, dançada por senhoras japonesas da cidade e de outras colônias, a festa é sempre utilizada para homenagear personalidades importantes. Em 1993, por exemplo, recebeu a visita do cônsul japonês de São Paulo.

A festa tem assumido contornos próprios, pois incorpora e é incorporada pelos elementos culturais da cidade e da região a que pertence. Crianças, jovens, adultos e velhos não só presenciam, mas participam efetivamente da festa, cada qual a seu modo. Crianças de famílias tradicionais trajam-se a rigor, grupos de amigos (muitos deles de brasileiros, nipo-brasileiros e mestiços) formam grupos na pista de dança e divertem-se ao seu modo. Pessoas que não pertencem à colônia trajam-se e dançam com toda a cerimônia que a ocasião exige. É, enfim, um ponto de encontro representado e vivenciado de múltiplas formas e maneiras.

Nesse sentido, a festa do *Bon-Odori* nas colônias japonesas no Brasil assume um caráter ritualístico em que as tradições culturais e as lembranças dos ancestrais são revividas. Representa também um momento fundamenal de afirmação da colônia dentro da cidade. A realização da festa traz implícita a preocupação da colônia em reafirmar sua imagem e suas disposições culturais (tradição, organização, receptividade) perante a cidade. A festa, como indicado, é vivenciada de múltiplas formas, mas é, acima de tudo, uma festa japonesa, dentro de um espaço físico japonês, no qual será expresso o capital social, cultural, econômico e político da colônia.

É também um momento de acionar os mecanismos de organização que passam pela hierarquia no interior da colônia e pelas funções dos agentes de acordo com as posições que ocupa de dentro desse campo. Nesse sentido, não é apenas a festa que importa para a colônia mas também todo o processo de preparação, que inclui ensaios, fabricação da decoração, venda de anúncios publicitários e o envolvimento de toda a colônia. Nesse momento, também encontramos pessoas de fora da colônia: ajudam na organização da festa, participam dos ensaios. Momento privilegiado do processo de trocas simbólicas de disposições e práticas sociais. Momento de transformação e reafirmação do agente social envolvido.

Talvez a festa do *Bon-Odori* é que melhor sintetize as relações entre brasileiros e nipo-brasileiros, na cidade de Pereira Barreto. Por meio dela é possível perceber que se a colônia existe como um campo específico, sua existência concreta, no entanto, só se dá nas relações com o outro. Relação que reproduz e mantém a existência da colônia, e, ao mesmo tempo a modifica e transforma.

RELAÇÕES INTERÉTNICAS COMO CAMPO DE CONSTRUÇÃO DE AUTO-REPRESENTAÇÕES

A trajetória desta pesquisa aponta para a criação-recriação contínua e desigual das relações entre nipo-brasileiros e brasileiros. Relações marcadas pela ambigüidade e pela dualidade. A seguir, mais algumas citações a título de ilustração:

> Então, vamos dizer, é lógico, são as raízes nossas também... Eu sou brasileiro, nascido aqui, tenho os costumes brasileiros, mas vamos dizer, as minhas raízes são japonesas.
> Me enxergava como brasileiro nativo, assim como era nativo nascido aqui, criado aqui, talvez porque ser criado numa cidade onde tinha muito japonês, sei lá, eu tinha um pouquinho mais de cultura japonesa em mim, mas não me considerei, nunca me senti como japonês. Fui até o Japão ver as minhas raízes, conhecer os parentes, os antepassados, onde o meu avô nasceu, isso aí é uma coisa que me desperta a curiosidade, de repente você quer ir lá onde você começou, entendeu. Mas me ofendia muito quando alguém falava que eu não era brasileiro, ou quando denegriam, vamos dizer, a raça japonesa. (Arnaldo Enomoto)

A identidade de Arnaldo Enomoto está baseada em dois pilares distintos: o sentimento de ancestralidade ligado aos seus antepassados e o nativismo, expresso no sentimento de enraizamento na cidade.

Eu comecei a praticar esporte dentro da escola dos japoneses, onde aprendi salto em altura, salto com vara, salto de extensão, até eu peguei a seleção da noroeste que ia de Pereira Barreto até Bauru, jogando beisebol. Eu era o único brasileiro que jogava beisebol. Porque o beisebol no Brasil é um esporte praticado por japoneses, né. Então eu aprendi com eles. Fui recordista dos jogos noroestinos em salto de altura, bicampeão dos jogos universitários no salto com vara. Aprendi com os japoneses na época do atletismo. Então, era como eu falei, os japoneses para educação eles se dedicavam. Então todo 7 de Setembro, ia todo aqueles bairros disputar o atletismo, disputar em 7 de Setembro em Pereira Barreto, porque no japonês chama hoje de Undo-Kai ...

Aprendi a ler, a conversar, até tem alguma lições que até hoje eu me lembro e já está fazendo mais de 50 anos, então tinha aquele negócio [repete a lição de japonês]. Então essas lições eu me lembro até hoje. Eu estava adorando, eu estava aprendendo bem. Então, mesmo entre os japoneses, eu, como brasileiro, ainda que descendente de alemão, mas eu era brasileiro, eu estava sendo um dos bons alunos dos japoneses. (Léo Liedtke)

A fala de Léo Liedtke revela uma situação limite: filho de pai alemão, cresceu, estudou e praticou esporte com os japoneses. Sua ascendência e sua convivência com nipo-brasileiros são fatores determinantes de suas disposições práticas e simbólicas que informam seu *habitus* ao longo de sua vida.

Sim, ela era responsável por qualquer coisa minha, eu só saía, com a filha mais velha dela. Nós éramos que nem irmãs, nós dormíamos no mesmo quarto, um quarto para as duas, cama de um lado, da filha dela, do outro, a minha, igualzinha, a troca de cama, tudo igualzinho. Eu também tratava ela e trato, infelizmente ela faleceu, mas foi uma das pessoas que mais quis bem. Ela me tratou assim, como uma das filhas prediletas dela...

... Me acho, eu me sinto, um pouco japonesa. Em qualquer acontecimento, assim que acontece dentro da colônia ... e quando também os japoneses têm aquele sucesso, sabe, eu parabenizo, eu me sinto... Então eu me sinto japonesa, um pouquinho de japonesa.

Às vezes a gente vai em casamentos japoneses, sou muito convidada para casamento japonês, então tem aquele monte de comida brasileira, tudo aquelas coisas e tem a comida japonesa ... eu me sinto sim. E tenho que agradecer muito a Deus. Rezo muito pela família japonesa que fez que hoje eu seja desse modo. Às vezes aqui mesmo na escola, as nissei que estão estudando aqui comigo, o colegial, qualquer coisa elas falam assim: "Dona Maria Antonia, minha mãe mandou

avisar que dia tal vai ter isso, isso lá ... ela falou que quer que a senhora vai mesmo. A senhora vai?! A senhora vai!"
Então eu me sinto muito feliz ser aceita no meio da colônia, sem preconceito de qualquer forma né e sempre feliz, muito e acho que juntando isso é que não saio de Pereira Barreto. Por isso estou muito bem aqui, muito bem na faculdade onde eu trabalho e o ciclo de amizade é excelente. Fui privilegiada. (Maria Antonia)

O fato de sentir-se privilegiada por ter sido adotada indica a importância das relações com nipo-brasileiros, em que foi protagonista. As marcas das disposições do *ethos* japonês revelam-se em seus laços de amizades e, também, nos hábitos alimentares.

A trajetória de Nilton Cesar do Nascimento, como já visto, revela as relações pelas quais adquire disposições do *ethos* japonês e isso gradativamente lhe possibilita ingressar e transitar no interior do campo da colônia. Seu filho encarna e cristaliza em sua mestiçagem física e cultural dimensões das relações por ele vivenciadas.

Eu sou cristão e eu aceito a ressurreição de um outro modo, espiritual, corpo glorificado, diferente, diferenciado do nosso. Mas isso não afeta minha fé em Deus e em Cristo.
Eu sou um cara nascido aqui, por acaso cristão e por acaso da linhagem americana.
Eu me considero um brasileiro, porque eu sei que indo para o Japão eles não me consideram japonês (risos). (Paulo Ono)

As disposições cristãs de Paulo Ono herdadas de seu pai, pastor anglicano, não provocam o rompimento completo com as disposições do *ethos* japonês. Sua identidade assume contornos mais nítidos na e pelas relações, nas quais, muitas vezes, assume o papel de mediador. Ser brasileiro ou japonês depende de seus interlocutores.

CONCLUSÃO

A estruturação da tese obedeceu à preocupação de explicitar e analisar as partes e os elementos constituintes das relações sociais reconstruídas como objeto de estudo. Sua divisão, no entanto, justificada por necessidades de caráter didático e expositivo é arbitrária e artificial.

Interessa notar, à guisa de conclusão, que as mudanças no espaço objetivado e na estrutura das relações sociais da cidade ocorreram e ocorrem simultaneamente nas e pelas relações sociais entre nipo-brasileiros e não-nipo-brasileiros. A pesquisa permite inferir que as transformações e mudanças das práticas e representações dos agentes sociais ocorrem ao mesmo tempo e de modo imbricado com as ocorridas na estrutura econômica, política e social.

A imbricação desses dois níveis de mudanças permite ir além dos limites impostos pelo conceito de assimilação cultural e buscar nas relações sociais entre japoneses, seus descendentes e brasileiros o sentido sociológico para a realidade vivenciada pelos pereirabarretenses ao longo de sua história.

Os japoneses e seus descendentes (informados por disposições étnicas) vivenciaram, assim, um processo de (re)posicionamento social, processo pelo qual enfrentaram obstáculos (ausência de capital político, por exemplo) ou encontraram facilidades inerentes à realidade histórica, social e econômica. Suas representações e suas práticas não vieram do nada nem suas transformações ocorreram à revelia da realidade.

O sucesso e o fracasso de seus projetos de vida estão profundamente associados à adequação ou não do *habitus* à estrutura dos campos em que atuam. Adequação não meramente no sentido funcional, mas também no sentido político. Os obstáculos impostos pelas diferenças culturais entre Brasil e Japão foram parcialmente suplantados na medida em que disposições culturais estranhas ao universo da cultura brasileira foram reconvertidas em mecanismos de ascensão social. A superação desses obstáculos teve como princípio orientador um processo de mudança marcado não pela ruptura, mas pela continuidade, disposição herdada da ancestralidade dos nipo-brasileiros e incorporado sob a forma de *habitus* atualizado diante de um novo campo social.

A superação desses obstáculos pode ser registrada por fontes escritas e orais que revelaram as práticas e as representações dos agentes sociais caracterizadas por um forte potencial instituidor de novas práticas e novas representações. O que pode ser visualizado na festa do *Bon-Odori*, na escola infantil Santo André, na Praça da Bandeira, nos rostos dos pereirabarretenses, e, também, na organização e administração de atividades econômicas seja no início, quando estruturam a colonização em uma época de recessão econômica, seja na estratégia de fortalecimento da cooperativa agrícola na passagem da década de 1960 para a de 1970.

O processo de reposicionamento dos nipo-brasileiros não é unilateral. O casamento interétnico pode funcionar como mecanismo de ascensão social de ambos os lados. Por outro modo, o casamento e ou a convivência permanente e contínua não implica o distanciamento ou ruptura completa com as origens.

Vê-se a criação de uma nova condição. Esse novo, no entanto, não é uno e nem unívoco, mas diverso e plural. Não constitui uma unidade funcional, mas campos de forças marcados pela alteridade, pelo conflito de interesses, por representações e práticas preconceituosas.

Buscou-se, assim, ressaltar que essas relações se dão, sobretudo, sob a égide da troca e não da assimilação unilateral das disposições culturais japonesas pela cultura brasileira.[1] Relações que pos-

---

1 Na verdade, essa lógica aponta para o caráter *antropofágico* da cultura brasileira. Faceta já diagnosticada, pelo menos, em dois momentos da história brasileira

suem como antecedente histórico a trajetória dos imigrantes no Brasil. Nesse sentido, pode-se observar a disposição ligada à disciplina do trabalho e ao sentimento de coletividade expressa na formação de associação e nos mecanismos de ajuda mútua.

A concretização dessas disposições, em forma de empreendimentos econômicos, disciplina do trabalho, de associações e cooperativas, contribui para que o Brasil do final do século XX seja fundamentalmente diferente do Brasil do final do século XIX. Pois, se antes tínhamos como matrizes étnicas os europeus (em particular os portugueses), os grupos indígenas e africanos, hoje formamos um universo muito mais complexo. Essa complexidade deriva, entre outros fatores, da inserção de novas matrizes seja de origem européia, como os italianos e espanhóis, seja de origem asiática, como os japoneses e, recentemente, os coreanos.[2]

Pluralidade cultural que nos oferece elementos para pensar a questão da nacionalidade no atual momento marcada pelo processo de globalização econômico e cultural. Nesse contexto, não podemos pensar em assimilação cultural, no sentido de homogeneização cultural.

No que diz respeito a este objeto de estudo, pode-se pensar a presença japonesa na cidade de Pereira Barreto e as relações sociais entre nipo-brasileiros e não-nipo-brasileiros como configuradora de um circuito de trocas simbólicas e práticas, processo no qual ambas as partes se transformam, constroem e reconstroem seus valores, suas representações e suas práticas sociais.

Este estudo aponta, enfim, nipo-brasileiros e não-nipo-brasileiros que constroem e reconstroem relações marcadas pelas práticas e trocas simbólicas que se retroalimentam, instituindo uma condição dual na qual ser japonês é, ao mesmo tempo, ser brasileiro, e ser brasileiro é, igualmente, ao mesmo tempo, ser japonês.

---

no século XX: no Movimento Modernista na década de 1920 e no Movimento Tropicalista na década de 1960.

2 Essa dinâmica deve ser pensada e compreendida no interior do processo de globalização da economia e da cultura que estabelece novos parâmetros para as relações interétnicas. A aproximação entre grupos étnicos distintos, as trocas simbólicas, a tolerância, convivem com xenofobismo, racismo, com o fundamentalismo racial e religioso (cf. Ianni, 1996).

REFERÊNCIAS BIBLIOGRÁFICAS

ADMINISTRAÇÃO ESPACIAL de ILHA SOLTEIRA. *Plano diretor de desenvolvimento integrado*. São Paulo, 1971. (Mimeogr.).

ALMEIDA, P. O. T. de. *O oeste paulista*. Rio de Janeiro: Alba, 1945.

BARROS, R. S. M. *A evolução do pensamento de Pereira Barreto e o seu significado pedagógico*. São Paulo, 1955. Tese (Doutorado) – Faculdade de Filosofia, Ciências e Letras, Universidade de São Paulo.

BENEDICT, R. *O crisântemo e a espada*. São Paulo: Perspectiva, 1988.

BOURDIEU, P. *O desencantamento do mundo*. São Paulo: Perspectiva, 1979.

_____. *O poder simbólico*. Rio de Janeiro: Bertrand Brasil, Lisboa: Difel, 1989.

_____. *Coisas ditas*. São Paulo: Brasiliense, 1990.

_____. La logique des champs. In: *Response*: Pour une anthropologie reflexive. Paris: Seuil, 1992.

BOURDIEU, P., CHAMBOREDON J. C., PASSERON, J. C. La ruptura. In: *El ofício de sociólogo*. 15. ed. Ciudad do México: Siglo Veintuno, 1993.

CAPRA, F. *O Tao da Física*. São Paulo: Cultrix, 1985.

CARDOSO, R. C. L. *Estrutura familiar e mobilidade social*: estudo dos japoneses no Estado de São Paulo. São Paulo, 1972. Tese (Doutorado) – Faculdade de Filosofia, Letras e Ciências Humanas, Universidade de São Paulo. (Mimeogr.).

CASSIRER, E. O homem animal simbólico. In: SANTOS, M. H. V., LUCAS, P. O. M. R. *Antropologia*: paisagens, sábios e selvagens. Porto: Porto Editora, s.d.

CASTORIADIS, C. A instituição imaginária da sociedade. In: SANTOS, M. H. V., LUCAS, P. O. M. R. *Antropologia*: paisagens, sábios e selvagens. Porto: Porto Editora, s.d.

COLBARI, A. L. *Ética do trabalho*. São Paulo: Letras e Letras, 1995.

COMISSÃO DE ELABORAÇÃO DA HISTÓRIA DOS 80 ANOS DA IMIGRAÇÃO JAPONESA NO BRASIL. *Uma epópeia moderna*: 80 anos da imigração japonesa no Brasil. São Paulo: Hucitec, Sociedade Brasileira de Cultura Japonesa, 1992.

DEMARTINI, Z. de B. F. *Viagens vividas, viagens sonhadas*: os japoneses em São Paulo na primeira metade do século" s.d. (Mimeogr.).

_____. Histórias de vida na abordagem de problemas educacionais. In: VON SIMON, O. M. (Org.) *Experimentos com histórias de vida* (Brasil-Itália). São Paulo: Vértice, 1988.

ELLIS Jr., A. *Populações paulistas*. São Paulo: Companhia Editora Nacional, 1934.

ENNES, M. A. *O acampamento de "Três Irmãos"*: uma história sem fim de luta e violência. Araraquara, 1993. Dissertação (Mestrado em Sociologia Rural e Urbana) – Faculdade de Ciências e Letras, Universidade Estadual Paulista.

FERRI DE BARROS, B. *Japão a harmonia dos contrários*. São Paulo: T. A. Queiroz, 1988.

GELLNER, E. *O relativismo enquanto visão de mundo*. Rio de Janeiro: Arnaldo Enomoto Alves, 1994.

HANDA, T. *Memórias de um imigrante japonês no Brasil*. São Paulo: T. A. Queiroz, Editor e Centro de Estudos Nipo-Brasileiros, 1980.

IANNI, O. *A era do globalismo*. 2.ed. Rio de Janeiro: Civilização Brasileira, 1996.

IGI, J. *Pereira Barreto*: a cidade que eu vi nascer. Pereira Barreto: s.n., 1978.

JOVCHELOVITCH, S. Vivendo a vida com os outros: intersubjetividade, espaço público e representações sociais. In: JOVCHELOVIYCH, S., GUSRESHI, P. (Org.) *Textos em representações sociais*. Petrópolis: Vozes, 1994.

LAFAYETE DE MENTE, B. *O fator kata*: uma arma secreta do Japão. São Paulo: Record, 1992.

LEÃO NETO, V. C. *A crise da imigração japonesa no Brasil (1930-1934)*: contornos diplomáticos. Brasília: IPRI, 1989.

LÉVI-STRAUSS, C. Raça e cultura. In: *Antropologia estrutural 2*. Rio de Janeiro: Tempo Brasileiro, 1976.

MARX, K. *Introdução à economina política*. São Paulo: Nova Cultural, 1987.

MICELI, S. Introdução: A força do sentido. In: BOURDIEU, P. *A economia das trocas simbólicas*. São Paulo: Perspectiva, 1974.

MINAYO, M. C. de S. O conceito de representações sociais dentro da sociologia clássica. In: JOVCHELOVIYCH, S., GUSRESHI, P. (Org.) *Textos em representações sociais*. Petrópolis: Vozes, 1994.

MONBEIG, P. *Pioneiros e fazendeiros de São Paulo*. São Paulo: Hucitec, Polis, 1984.

MORIN, E. O duplo pensamento. In: *O conhecimento do conhecimento*. Mem Martins: Europa-América, 1987.

ONO, P. Y. *Enfoque ecológico – ambiental*: diário de um imigrante. s.d. (Mimeogr.).

_____. Diário de um migrante. *O Jornal*, Pereira Barreto, s.d. (a)

ORTIZ, R. (Org.) Estruturas, *habitus*, práticas. In: *Pierre Bourdieu*. São Paulo: Ática, 1983.

OSHIMA, H. *O pensamento japonês*. São Paulo: Escuta, 1991.

QUEIROZ, M. I. P. de. Relatos orais: do "indizível" ao "dizível". In: VON SIMON, O. M. (Org.) *Experimentos com histórias de vida* (Brasil-Itália). São Paulo: Vértice, 1988.

SAITO, H. (Org.) *A presença japonesa no Brasil*. São Paulo: Edusp, 1980.

SAKURAI, C. *O romanceiro da imigração*. São Paulo: Fapesp, 1993.

SALGADO, F. C. F. *As Colônias Bastos e Pedrinhas*: estudo comparativo de geografia agrária. Presidente Prudente: FFCL de Presidente Prudente, 1971.

SPINK, M. J. Desvendando as teorias implícitas: metodologia de análise das representações sociais. In: JOVCHELOVIYCH, S., GUSRESHI, P. (Org.) *Textos em representações sociais*. Petrópolis: Vozes, 1994.

TAGUCHI, G. A história de Pereira Barreto. *Correio D'Oeste em revista*, 1971.

TARTAGLIA, J. C. Agricultura e urbanização em São Paulo: 1920-1980. Rio Claro, 1993. Tese (Doutorado) – Instituto de Geociências e Ciências Exatas, Universidade Estadual Paulista.

TAVARES DOS SANTOS, J. V. *Aventura sociológica na contemporaneidade*. VI Congresso Brasileiro de Sociologia, Recife, 1993.

TRATENBERG, M. Prefácio. In: WEBER, M. *Metodologia das ciências sociais*. São Paulo: Cortez, Campinas: Ed. Unicamp, 1993.

VIEIRA, F. I. S. *O japonês na frente de expansão paulista*: o processo de absorção do japonês em Marília. São Paulo: Pioneira, 1973.

WACQUANT, L. J. D. Dukheim e Bourdieu: a base comum e suas fissuras. *Novos Estudos CEPRAP*, v.48, p.29-38, 1997.

WEBER, M. A ética protestante e o espírito do capitalismo. São Paulo: Abril Cultural, 1985. (Col. Os pensadores).

_____. *Conceitos básicos de sociologia*. São Paulo: Moraes, 1987.

_____. Religião e racionalidade econômica. In: COHN, G. *Weber*. 5. ed. São Paulo: Ática. 1991.

_____. A "objetividade" do conhecimento na ciência social e na ciência política. In: _____. *Metodologia das ciências sociais*. São Paulo: Cortez, Campinas: Ed. Unicamp, 1993.

WILLEMS, E. *Aspectos da aculturação dos japoneses no Estado de São Paulo*. São Paulo: s.n., 1948.

YAMASHIRO, J. *Japão*: passado e presente. São Paulo: IBRASA, 1986.

JORNAIS

O Jornal, Pereira Barreto em xeque, 6.7.1990.

O Jornal, A questão das granjas de Pereira Barreto, 20.5.1980.

O Jornal, Sem título, 22.9.1982.

O Jornal, Bonini, cidadão pereirabarretense, s.d.

SOBRE O LIVRO

Formato: 14 x 21 cm
Mancha: 23 x 43 paicas
Tipologia: Classical Garamond 10/13
Papel: Offset 75 g/m² (miolo)
Cartão Supremo 250 g/m² (capa)
1ª edição: 2001

EQUIPE DE REALIZAÇÃO

Produção Gráfica
Sidnei Simonelli

Edição de Texto
Nelson Luís Barbosa (Assistente Editorial)
Carlos Villarruel (Preparação de Original)
Roberta Vaiano e
Ana Paula Castellani (Revisão)

Editoração Eletrônica
Lourdes Guacira da Silva Simonelli (Supervisão)
Sergio Gzeschnik (Diagramação)

Impresso nas oficinas da
Gráfica Palas Athena